企业互动创新
与创新能力提升机制研究

盛伟忠 著

绍兴文理学院出版基金资助出版

科 学 出 版 社

北 京

内 容 简 介

创新能力提升是企业未来发展的保障，创新型国家建设严重依赖企业创新能力的提升。因此，寻求企业创新能力的提升机制具有强烈的理论与现实意义。本书基于互动创新的理论视角，从企业与外部不同知识机构间的互动学习与创新能力提升的角度出发，在深入探讨互动创新理论、组织学习与知识创造、吸收能力和创新能力理论的基础上，以制造业中小企业为研究对象，构建了企业创新能力测度指标，构建并实证了企业的互动学习与创新能力提升机制，为我国企业有效评价创新能力并在此基础上探索互动学习与创新能力提升路径提供了具有参考意义的指导框架。

本书适合高校相关专业师生、科研机构研究者和管理者，以及寻求创新的企业管理人士阅读参考。

图书在版编目（CIP）数据

企业互动创新与创新能力提升机制研究/盛伟忠著. —北京：科学出版社，2021.3

ISBN 978-7-03-064630-9

Ⅰ. ①企… Ⅱ. ①盛… Ⅲ. ①企业创新–研究 Ⅳ. ①F273.1

中国版本图书馆 CIP 数据核字（2020）第 038721 号

责任编辑：魏如萍 / 责任校对：贾娜娜

责任印制：张 伟 / 封面设计：无极书装

科 学 出 版 社 出版

北京东黄城根北街 16 号

邮政编码：100717

http://www.sciencep.com

北京盛通商印快线网络科技有限公司印刷

科学出版社发行 各地新华书店经销

*

2021 年 3 月第 一 版 开本：720 × 1000 B5

2021 年 3 月第一次印刷 印张：10

字数：200 000

定价：128.00 元

（如有印装质量问题，我社负责调换）

前　言

改革开放以来，制造业推动了我国经济的持续高速增长，成为一个中等收入水平的国家。如何实现经济的持续发展，将我国从制造大国转变成制造强国，关键之一是将创新作为产业发展的原动力，快速提升企业的创新能力。互动作为创意、解决方案和技术跨越不同参与者边界的一种方式，为企业提供了利用外部知识和能力的途径。企业通过学习得以将知识进行转换，进而形成创新。互动创新可能是企业适应环境和提升创新能力的有效途径。

本书围绕着企业互动创新与创新能力提升这一目标，在互动创新理论、组织学习理论、创造力与创新能力关系理论研究的基础上，重点展开了制造业中小企业与外部环境的互动创新及企业创新能力提升机制研究。研究主要通过以下内容展开。

（1）文献综述和理论发展。通过对互动创新理论、组织学习理论、创新能力理论等相关理论回顾，确立研究方向，并在此基础上，对企业互动学习、吸收能力和创新能力等关键变量的概念与构成要素进行了界定，形成本书论证的基础。

（2）探索性案例研究。精心选择了4个典型案例进行较为深入的探索性研究。经过理论预设、数据收集、案例内分析和多案例之间的比较等研究步骤，推导出关于企业互动学习、吸收能力与创新能力关系的初始研究命题，为后续研究提供了基于实践的构想。

（3）在创新能力文献研究的基础上，提出了企业创新能力测度框架，并通过对335家制造业中小企业的问卷数据，进行了探索性因素分析，发展出面向制造业中小企业的机会识别能力、前瞻性与创新承诺、组织能力和创新文化因素量表，并最终确定了企业创新能力测度指标。同时发现，可将企业的创新文化要素归结为企业体制性文化和创新氛围两部分。

（4）互动学习、吸收能力与创新能力关系机理理论模型与实证检验。在探索性案例研究基础上，结合已有相关研究进行更深层次的探讨。基于335家企业的问卷调查结果，使用Mplus分析软件，用验证性因素分析和结构方程模型等方法进行了实证研究，进一步明晰了企业的互动创新机理。通过上述分析论证过程，本书得出如下主要结论。

企业的创新能力可通过与企业创新流程相一致的机会识别能力、创新实现能力和商业化能力框架进行测度。在三方面能力中，机会识别能力和商业化能力有现成的测度量表；创新实现能力则需要通过创新投入能力、战略能力、组织管理能力、体制性文化和创新氛围进行测度。中小企业可通过这一指标体系测度其创新能力，同时还可以在测度过程中，找出自己可能的不足之处。

企业的吸收能力在企业与外部知识的互动学习和创新能力间起中介作用。其中，现实吸收能力所起的作用要强于潜在吸收能力所起的作用。需要说明的是，这里的创新能力概念相当于 Lichtenthaler U 和 Lichtenthaler E（2009）提出的发明能力与创新能力的集合；吸收能力概念相当于 Lichtenthaler U 和 Lichtenthaler E（2009）提出的吸收能力与转化能力的集合；互动学习概念相当于 Lichtenthaler U 和 Lichtenthaler E（2009）提出的联结能力与解析能力的集合。这一研究结果使企业知识能力间的关系得到了良好展现。

本书在国家社会科学基金项目（09BJY050）的研究成果基础上成稿。在调研过程中，得到众多好友与企业家的大力支持；写作过程中，得到清华大学陈劲教授和科学出版社魏如萍编辑的悉心指导，在此表示衷心感谢。

总体而言，对制造业中小企业创新能力测度指标的研究和对企业互动创新与创新能力提升机制的研究，在一定程度上推进了企业创新理论的发展，同时对企业的创新实践也具有现实指导意义。

盛伟忠

2019 年 8 月

目　　录

1 绪 论

1.1 研究的现实和理论背景

改革开放 40 多年来，制造业推动了我国经济持续高速的增长，从一个居民人均收入不到 300 美元的低收入国家，发展成为一个具有中等收入水平的国家。自 2002 年人均国内生产总值突破 1000 美元后，我国很快越过了人均 1000 美元至 3000 美元的经济起飞阶段。到 2018 年我国人均国内生产值已达 9732 美元[①]。而且自 2010 年开始，我国已取代美国成为全球制造业产出最高的国家。在此之前，美国的世界第一制造国地位已保持了一个多世纪。到 2017 年，中国制造业总产值已经是美国的 2.58 倍，全球占比达 35%。从规模上看，位居全球第一。

然而，我国的工业大而不强。我国部分工业企业的发展得益于国际技术转移和低成本生产能力，起步于产业链低端，不仅劳动生产率低、单位能耗大，而且很多关键装备和核心技术依赖进口。李媛和金殿臣（2017）对中美两国制造业在低技术、中高技术及高技术行业的出口状况比较分析发现，中国制造业的出口增加值呈快速发展之势，已从低技术制造业为主转向以中高及高技术制造业为主，美国制造业出口规模也在不断增加，出口增速远低于中国，而其出口结构以中高及高技术制造业为主；中国制造业在全球价值链参与指数呈不断上升趋势，但三类技术的制造业在全球价值链的地位指数远低于美国制造业，处于全球价值链下游位置。余珮（2017）分析了美国再工业化战略对其 19 个制造业显性比较优势和嵌入全球价值链位置及深度的影响，再工业化战略对美国制造业总体显性比较优势、中间品显性比较优势，以及高技术产业嵌入全球价值链的位置和深度的提升作用。中国制造业的整体出口竞争能力已得到较快速度的提升，在部分资本和技术密集型行业已经能与美国竞争，但大部分制造业嵌入全球价值链的位置和参与

---

① 沧桑巨变七十载 民族复兴铸辉煌——新中国成立 70 周年经济社会发展成就系列报告之一，http://www.xinhuanet.com//finance/2019-07/01/c_1210174445.htm[2009-07-01]。

程度仍落后于美国。赵玉林和谷军健（2018）从全要素生产率、全球价值链地位与出口增加值视角下的技术复杂度等三方面比较中国与美国制造业发展质量，发现中国的全要素生产率仍与美国存在较大差距，中国制造业在全球价值链的经济地位始终低于美国，出口增加值视角下的中国制造业技术复杂度整体呈上升趋势，但始终低于美国，而高技术产业价值增值能力与美国的差距更大。当然，从另一个角度看，这一差距也说明我国工业企业存在巨大的全球价值链攀升空间与发展潜力。

然而，随着我国经济的发展，国内的土地、劳动力等生产要素成本已发生根本性的变化。过去支撑中国经济高速发展的低成本优势弱化，经济增长面临的约束在增强。资源约束、环境约束、劳动力工资上涨、人口老龄化等因素造成低成本优势的逐渐消失，使很多行业的传统经营模式难以为继，经济增长动力不足。如果无法成功转型升级，"中等收入陷阱"就有可能成为我国经济发展的绊脚石，即在消失了成本与资源要素优势后，在低端市场失去与低收入国家竞争的优势；在高端市场又无法与高收入国家展开竞争。在这种上下受到挤压的环境中，很容易因无法找到增长动力而导致经济发展缓慢。国务院发展研究中心巴曙松（2011）指出：第六次全国人口普查数据确认中国已越过刘易斯拐点，且人口红利窗口期也即将关闭。说明我国迫切需要摆脱传统的要素驱动模式，实现产业的转型升级。2000~2017 年我国国内生产总值增长率的回落，也恰好说明了这一点（图 1.1）。

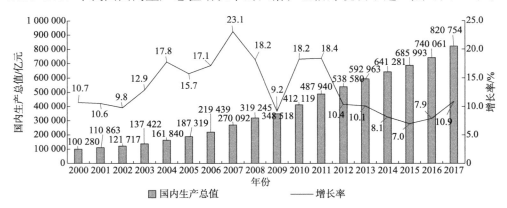

图 1.1　2000~2017 年中国国内生产总值及其增长率走势图
资料来源：万德数据库

世界银行《东亚经济发展报告（2006）》指出，很少有中等收入的国家能成功地转变成高收入国家，很多中等收入国家往往会出现长期的经济停滞增长时期。因为一个中等收入国家在向高收入国家发展的过程中，往往难以摆脱曾经将它们由低收入国家带入中等收入国家的发展模式，这就很容易造成经济增长停滞，使得人均国内生产总值长期徘徊在一定层次，难以突破 1 万美元。如巴西、阿根廷、墨西哥、智利、马来西亚等，它们在 20 世纪 70 年代就早已进入了中等收入国家行列，但直到现在，这些国家仍然挣扎在 3000~5000 美元的人均国内生产总值阶段，根本见不到经济增长的动力和希望。国际公认的、已经成功跨越"中等收入陷阱"的国家和地区只有日本和"亚洲四小龙"。实际上，在这些国家和地区中，也只有韩国和日本的经济规模相对较大，其他地区的经济规模都相对较小。在 1972 年，日本的人均国内生产总值接近 3000 美元；到 1984 年，日本成功突破 1 万美元大关。在 1987 年，韩国的人均国内生产总值超过 3000 美元，到 1995 年，韩国的人均国内生产总值达到 11 469 美元。这两个国家分别花了 12 年和 8 年的时间，实现了从中等收入国家到高收入国家的飞跃（Gyohten et al.，2010）。

中国当前的经济正处于由高速增长阶段转向高质量发展阶段，为重塑我国工业的竞争优势，推动制造业在全球价值链的攀升，我国提出了坚持创新驱动、实施创新型国家建设战略方针。特别是"中国制造 2025"为我国制造企业的创新发展指明了方向，要求作为创新主体的企业从要素驱动转向创新驱动，在企业创新发展的过程中完成经济的转型升级，实现我国经济的可持续发展。

1.1.1　我国制造业中小企业现状

中小企业是中国经济中最活跃的群体和企业家精神的重要发源地，也是中国经济和社会发展的重要引擎。无论在数量、产值、创造的就业岗位和对外贸易等方面，中小企业都发挥着举足轻重的作用。从整个国民经济的角度看，中国的中小企业为社会贡献了 50%以上的税收，创造了 60%以上的国内生产总值，产生了 70%以上的技术创新，安排了 80%以上的就业岗位，占有 90%以上的企业数量（刘鹤，2018）。中小企业因此被刘鹤副总理认为是扩大就业、改善民生的重要支撑，是建设现代化经济体系、推动经济实现高质量发展的重要基础。

然而，随着我国低成本优势和人口红利的消失，支撑我国制造业的中小企业出现了前所未有的生存与发展危机，中小制造企业整体形势不容乐观。纺织、造船、重工机械、光伏等曾经的中国制造"领袖"都成为产业空洞化的重灾区。究其原因可归结为如下几个方面。

第一，由于顾客基础与产品基础有限，中小企业通常是市场上的价格接受者。大部分中小企业依赖成本驱动，处于产品同质化严重的高度竞争的市场之中，没有自己的品牌和核心技术。由于生产成本的上升，它们的盈利能力越来越低。

第二，越南等东南亚国家代工产业的兴起使得我国发展劳动密集型产业比较优势不再明显。受生产要素成本上升和中美贸易战的影响，大量制造企业转移到要素成本相对较低的东南亚国家。以劳动力成本为例，我国制造业平均工资一直处于快速上升阶段（图1.2）。在2005~2017年，中国制造业的平均小时工资已涨了3倍，目前已达到较弱的欧元区成员国水平的70%左右，远高于东南亚国家，以及阿根廷、墨西哥、哥伦比亚等国。然而，即使如此，这几年我国大部分制造企业都遇到员工招聘问题的困扰。与其他自然资源约束一起造成的要素成本增加，导致了劳动密集型企业的大量外迁。例如，2018年越南外贸出口的惊人增长以及缅甸成为2018年度房价增长最快的国家，均得益于我国制造企业的大量外迁。

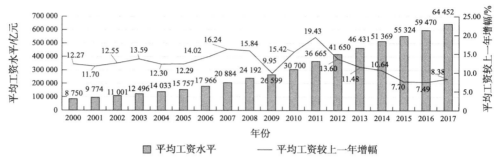

图1.2　2000~2017年中国制造业平均工资增长趋势图
资料来源：国家统计局

第三，政府多年来一直在推行旨在推动制造业沿着价值链攀升的政策，大力支持重点企业的升级改造，中小企业难以从银行得到融资。中国绝大部分中小制造企业仍处于价值链低端，成本上涨和融资困难致使许多中小制造企业并没有沿着技术阶梯爬升，而是慢慢地被扼杀。

第四，制造业遭遇了房地产热。产业升级不仅需要投入大量的研发资本和极大的精力，同时还是一个较为漫长的过程。与这一痛苦过程形成鲜明对比的房地产业，却具有极大的利润回报。对暴利的追求在最大程度上抑制了很多企业家对制造企业的发展动力。在有了房地产等短期投资的高回报经历后，他们不愿意将过多的资金和精力投入到研发和企业的转型升级上，造成产业的空洞化和过早的衰退。

第五，经济形势的变化引起的欧美高端制造企业反向回流。高端消费呈现出定制化倾向需要企业将它们的设计和生产环节安排在靠近消费者的区域，因为与低成本相比，质量控制、知识产权保护、咨询与售后服务等内容显得更为重要。如服装产业，尽管目前我国的服装产业也已向价值链上游移动，且我国的生产成本比欧美等国家和地区要低1/3左右，但不少时装品牌还是积极在本土周边区域开发供应商，使其周边不少国家正成为新的时装制造中心。另外，先进制造技术对定制化制造的促进作用加速了制造企业向发达国家的回流。快速成型技术、智能型公司等先进制造技术的发展，极大地支持了制造业的灵活性，不需大量库存的本地化生产，能根据需求的变化快速做出反应，为发达国家发展制造业带来了较大优势。如美国制造企业带来的就业岗位在近几年来就呈现出了较为快速的增长。

总体上，以劳动密集型制造业向中国为主的新兴经济体转移的产业转移周期已经结束。新趋势是，一方面，劳动密集型产业转向南亚、东南亚、非洲等地区；另一方面，中高端的产业转移也已经开始，特别在我国的产业转型升级过程中，面临与发达国家在中高端产业的竞争日趋激烈，"中国制造 2025"计划遭遇到了发达国家的"再工业化"政策，如德国的"工业 4.0"、美国的高技术保护政策、制造业回流促进政策以及在此基础上引发的中美贸易战。这一切都迫切要求我国企业快速从成本要素驱动转向创新驱动，高效地实现产业的转型升级。

针对制造业产业转型升级路径研究，广为认同的是 1992 年宏碁创办人施振荣先生提出的"微笑曲线"。微笑曲线是一条两端朝上的曲线。意即在产业链中，附加值更多体现在两端。一端是研发设计、一端是品牌经营。处于中间环节的制造业，处于附加值最低段。制造业升级转型的最佳路径应该以制造业为基础，向附加值高的设计开发和品牌经营方面发展。尽管我国正在失去低成本优势，但与其他低成本国家相比，我国广大中小制造企业已经积累了一定的自有资本，我国已经拥有成熟的供应商和物流网络形成的产业生态系统，同时还拥有一个规模庞大的熟练劳动力大军。这是产业升级转型的最大基础优势。在此基础上如何提升企业创新能力、寻求提升创新能力的最佳路径，成为广大中小制造企业迫切需要解决的问题。

1.1.2　中小企业的创新与运作特征

与大企业相比，中小企业有着自己独特的一面，具有一定的优劣势。总体上，中小企业与顾客关系紧密，能对不断变化的顾客需求保持密切观察，不断地对顾客需求做出响应。中小企业很多是企业主亲自经营、家族管理或与合作伙伴共同打理，它们比大企业更灵活和敏感。少数管理人员和特定专业人员的经验、知识和技能是中小企业独特的关键能力。作为追逐新的市场需求和寻求为他的梦想提供技术、资金、研究人员的梦想家，好的企业家比任何人都更懂得私人业务领域的知识，而且他们的创新也在更大程度上依赖于高水平的专业知识。中小企业扁平化的组织结构、对市场变化的快速适应性、对人力资源多元才能的迅速发挥、对专业领域的专注与激情，以及建立分包关系的能力，使得它们在面对创新机会时能更快地行动，实施起来也更快、更容易，成本更低，这一点使它们比大企业具有更高的研发效能。实践显示，知道如何将技术和社会联系起来的企业更容易实现创新。在高度创新的中小企业中，总有一个小群体紧密地合作。它们中的每个人都扮演着多项角色。它们的创新流程切合实际，各层次的员工能够更有效地参与。

　　然而中小企业的资源有限。它们的自我积累不足，融资也困难。资金瓶颈导致它们的研发投入和技术设备投入不足、教育与培训不完善，内部研发资源和能力有限，缺乏足够的技术能力，对外部资源依赖性强。在经营方面，家族化的产权约束条件使它们不愿意委托权威机构或他人决策，并过分沉溺于运作层次的决策。另外，它们受制度环境的制约，没有能力通过影响市场的需求来获得市场份额，往往不能抓住需要大规模生产的市场机会。然而，正是由于这些缺点的存在，使中小企业拥有很多大企业不具备的优点：中小企业几乎不存在官僚作风与宗派结构，所以具有良好的内部沟通能力；它们灵活、专注、执着，有较强的运作技能与客户知识，所以具有敏捷地缔结联盟进而利用外部网络的能力；小企业更容易产生紧迫性、能更快适应变化、更灵活、更愿意冒险、充满着能量与创意，所以小企业更具创新动力且创新成本较低。不仅如此，它们还在产生不连续创新的破坏性技术的商业化方面具有优势。中小企业与大企业在运作方面的差异见表 1.1。

表 1.1　中小企业与大企业在运作方面的差异

内容	中小企业	大企业
营销	对变化的市场反应迅速	有综合的批发和服务设施；对现有产品的营销能力强
管理	较少的官僚作风；企业家善于快速利用机会	管理者能控制复杂的机构并实现公司战略；可能产生官僚主义；通常不愿冒险，在新的机会面前缺乏活力
内部交流	有效的非正式内部沟通网络，迅速解决内部问题；有能力为适应外部环境变化而迅速对企业进行重新组织	内部交流通常不畅；对外部机遇与威胁反应迟钝
技术力量	通常缺乏专业技术人员；通常不能支持一定规模的正式研发活动	能吸引高质量的专业技术人员；能支持建立大规模的研发实验室
外部交流	通常缺乏时间和资源来研究如何利用外部的科技资源	能利用外部科技资源；提供图书和信息服务；能把研发活动转包给专业研究中心；能购买关键技术信息
金融	难以吸引资金，尤其是风险资金；创新风险大，缺乏上市能力	具有借贷和上市能力；有能力支持多元化以开发新技术、开拓新市场
经济规模	在某些领域，规模经济是小企业的进入障碍；没有提供一体化的产品或生产系统的能力	具有在研发、生产和销售中实现规模经济的能力；能提供一系列补充产品；有投资大项目的能力
增长	难以从外部获得迅速增长所必需的资金；管理者有时不会处理复杂的组织问题	具有扩大生产的融资能力；能通过多元化和兼并来获得增长
专利	常常在处理专利问题上存在问题；不能花时间或经费来从事专利诉讼	能聘请专利专家；能通过专利诉讼应对专利侵权
政策法规	通常不能处理复杂法规问题；依照法规行事的单位费用一般较高	有能力设置法律部门来处理复杂的法律事务；有能力分担法规费用；有能力展开针对性的法规研究

　　资料来源：作者根据资料整理

　　同时，由于资源短缺和缺乏市场力，中小企业在面对市场动荡性时往往比大企业遭受更大的影响，它们的创新能力依赖于它们是否处于一个鼓励与激发合作创新的网络环境中。与大企业相比，中小企业的创新障碍主要体现在以下方面：难以在劳动力市场发现适合的人力资源；企业内合适的人力资源短缺；创新产品的市场不确定性；技术创新被模仿的可能性；缺乏在研发方面的计划和管理能力；技术创新的不确定性风险可能导致资金困难；创新和商业化的高成本可能导致资金困难；缺少市场信息；人力资源的频繁流动，特别是研发人员；利用外部服务方面的困难（技术与商业服务）；研发部门没有权力；市场结构的垄断；客户付款延期带来的资金困难；不必要的附加创新。

实践中，中小企业主要与员工曾经工作过的单位或毕业的院校合作。例如，中小企业与应用性大学的合作，来自企业的校友与母校教授的合作可实现大量的节约，弥补企业缺失研发部门这一不足之处。欧洲有很多中小企业与研究机构的合作受到资助的原因就在于此。这种研究资助会坚持到产品上市。而且还有许多创新传播中心也会受到资助，因为它们促进了中小企业与技术供应商和知识供应商间的匹配。

中小企业的灵活性和专业性使其在加速创新方面具有优势，但它们在管理整个创新流程的能力方面存在缺陷，这一点促进它们与其他企业进行协作。它们缺少将创意转化成产品或流程所需要的基本的制造、流通、营销和研发资助方面的资源与能力。所以，中小企业的协作创新更多体现在具有技术优势和生产优势的企业与具有营销专业优势的其他企业在市场利用、市场测试和顾客需求分析方面的积极协作，从而对创新流程做出贡献；或具有营销专业优势的企业具有市场需求的关键信息和完善的流通渠道，进而与制造企业进行协作。这也是为什么在开放式创新中，大企业主要关注研发，中小企业更多地关注商业化的原因，因为它们中许多企业具有技术优势，但缺少制造、营销渠道，以及将创新有效引入市场的全球化接触能力。

中小企业的另一个特点是：如果不是受到生存威胁，它们倾向忽视问题。研究显示，不满足于已有技能或者有意识地完善企业技能的企业更加容易获得成功。尽管中小企业资源有限，在很多时候是环境的接受者，但它们的创新特征优势显示，它们具有影响环境的潜力。它们对变化趋势指标的专业感知、利于创新的组织结构和灵活的商业模式，可使自己的创新成本最小化。所以，中小企业应该摆脱被动接受环境的状态，应该去积极地影响环境。

1.1.3　互动创新与创新能力关系研究现状

如何将我国从制造大国转变成制造强国，将中国制造转变成中国创造？其中的关键之一是将创新作为产业发展的原动力，快速提升企业的创新能力。目前，有关该问题的研究主要体现在宏观层面的国家创新体系研究、行业层面的战略性新兴产业研究、产业集群层次的研究以及微观层面的企业技术创新研究。对技术能力的研究多侧重于新兴工业化国家技术能力发展经验的实证研究，以 Kim（2007）的"技术引进—技术吸收并改进—自主研发"三阶段理论为代表。在此基础上我国学者进行了大量基于我国企业的技术能力演化研究，如吴晓波和张好雨（2018）从技术追赶到超越追赶的二次创新理论研究，梁海山等（2018）进行的海尔公司企业技术创新能力体系变迁研究。他们的研究大多着眼于技术密集型企业。针对产业集群的研究，学术界基本着眼于产业集群层次的结构、治理与网络属性以及经济地理视角的研究，如罗鄂湘和韩丹丹（2018）的合作网络结构洞研究，周灿等（2019）的演化经济地理学视角下创新网络研究。而以企业为主体的研究，大部分研究关注企业的技术创新能力和其他特定方面的创新能力，如 Burgelman 和 Sayles（2004）的技术创新能力研究，Hauge 等（2017）的跨行业创新能力研究以及 Chanwoo 等（2017）的研发创新能力研究。近年来，出现了少量的组织学习与创新能力关系研究，如冯军政等（2013）的组织学习与不连续创新关系研究，邓小翔和丘缅（2016）对华为公司的学习与技术创新能力研究，邢蕊等（2017）的技术学习与新创企业技术能力演化路径研究。这类研究基本以大企业作为案例研究对象展开。而针对中小企业整体创新能力的研究相对较少，成为学术界的薄弱环节。

在中国的制造领域，研发强度和创新能力有限的中小企业在很大程度上处于主导地位，且大部分中小企业处于传统产业。国家（区域）创新系统研究认为，高科技产业与传统产业对创新系统都很重要。几十年来，创新一直是传统工业区竞争优势要素之一。传统产业的创新并不关注众所周知的专利指标，而是专注于组织与流程的改进，以及新的设计和区域品牌。我国大部分的中小制造企业资源有限，它们的发展大部分得益于低成本生产能力和国际技术转移，专业知识相对狭窄。在无边界竞争环境下，它们的商业机会感知能力与技术预测和获取能力受知识层次与管理惯性制约。所以它们更加依赖外部资源条件，特别是研究机构、专业供应商和设备供应商等。尽管我国已展开宏观层面的创新型国家建设战略，但对于众多中小企业来说，支持创新的良好社会氛围尚未形成，对短期经济利益的偏重造成对创新原动力的扼杀，使得处于微观层面的中小企业难以在行动上与国家创新战略相匹配。

创新是维持企业竞争优势并确保企业未来发展潜力的基本要素。如果具有高层次吸收能力的企业能更有效地管理外部知识流，激发出创新产出并因而获取竞争优势，那么仅仅依赖于内部知识可能使中小企业处于不利地位。对企业互动创新与创新能力提升路径的探索与应用，有可能促进资源相对贫乏的制造业中小企业构建有效创新网络并在互动过程中提升自己的知识吸收与转换能力，进而提升创新能力。同时研究结果也可以丰富中小企业创新理论与管理实践，引导制造业中小企业改进运作与管理模式，快速实现转型升级。

1.2　相关概念的界定与阐释

1.2.1　制造业中小企业界定

根据 2011 年工业和信息化部、国家统计局、国家发展和改革委员会、财政部研究制定的《中小企业划型标准规定》，将中小企业划分为中型、小型、微型三种类型，具体标准根据企业从业人员、营业收入、资产总额等指标，结合行业特点制定。

制造业中小企业划分遵从针对工业企业的划分：从业人员 1000 人以下或营业收入 4 亿元以下的为中小微型企业。其中从业人员 20 人及以上，且营业收入 300 万元及以上的为小型企业；从业人员 20 人以下或营业收入 300 万元以下的为微型企业。

1.2.2　创新相关概念的界定与阐释

技术创新通常指生产技术的创新，指生产和传输某种新产品或服务的新方式，如对产品的加工过程、工艺路线和设备进行的创新，包括开发新的技术，以及对已存在的技术进行新的应用。在创新研究领域，技术创新多指工艺流程的创新。产品创新，传统上多指有形产品的创新，近年来，这一概念得到了扩展，将服务产品的创新也包含在这一范畴，所以可将产品创新定义为提供一种能满足顾客需要或解决顾客问题的新产品或服务，通过设计满足用户难以言明的隐形需求和超前需求，引导用户的需求与购买行为。产品创新可细分为元器件创新、架构创新和复杂产品创新。元器件的创新通常需要依赖科学与技术的发展；复杂产品的创新通常以架构创新和模块化的方式进行。通常而言，技术创新以科学原理为依据，而产品创新以技术创新和顾客需求为依据。

产品创新与技术创新经常是交替出现的。新技术工艺可能使新产品的生产得以实现，而新产品也可能使新技术的开发得以实现。另外，一家企业的新产品，对另一家企业来说，可能就是一种新的生产技术。通常，可以运用同一技术生产不同的产品，也可以通过不同的技术生产同类型产品。技术创新并不一定会改变产品的形态，它带来的可能是生产成本的降低或生产效率的提高。然而，新技术的出现，往往伴随着全新产品的出现。技术创新总是着眼于产品创新；而设想出来的新产品，又极有可能需要运用新技术才能生产出来。

Utterback 和 Abernathy（1975）通过对美国汽车工业技术创新动态变化的长期考察与研究发现，一个产业或一类产品的技术创新过程总体可分为三个阶段，产品创新与工艺创新的频率随时间的变化动态发展，两者存在重要的相互关系：在产业形成初期，产品创新大量涌现，工艺创新少，市场进入者众多；随着产品主导技术的出现，市场趋于成熟，大量创新集中于改善生产工艺流程（陈劲和郑刚，2009）。

有关技术创新和产品创新的创新流程，得到广泛认同的是川崎等（Kline and Stephen，2009）的链式模型与 Rothwell（1994）的五代创新模型。

相比于技术创新，企业创新所涵盖的范围相对广泛。技术创新关注技术的探索、利用与商业化；企业创新关注顾客价值创造。技术创新趋向于聚焦于特定解决方案，顾客价值创造聚焦于重新定义并解决问题，从而产生定制化的解决方案。作为将知识转换成新产品、流程与服务的创新，不仅涉及科学与技术，还涉及理解与满足顾客的需求。熊彼特认为，创新有五种形式：开发新产品、采用新生产流程、发现新供应源、探索新市场和采用新的组织形式。Björkdahl 和 Börjesson（2011）将创新定义为生产出新产品或改进了产品、服务、流程、商业模式、新营销方式或新的业务组织方式。所以，除技术创新外，企业创新还包括商业模式创新（Chesbrough，2010；Casadesus-Masanell and Zhu，2013）、管理创新（Birkinshaw et al.，2008；杨春和于婷婷，2019）等内容。商业模式可通过新颖性或效能，利用提高顾客的购买意图或降低供应商与合作伙伴的机会成本创造价值（Amit and Zott，2012）。管理创新通过管理实践的不断进步使工作以更有效的方式进行来创造价值（Birkinshaw et al.，2008）。本书的企业创新概念，指企业整体层次上的创新，包括企业的技术创新、产品创新、商业模式创新和管理创新等内容。

封闭式创新与开放式创新两者均为企业的技术创新组织形式。封闭式创新指传统意义上的企业技术研究与开发方式。企业凭借自身科学与技术基础进行应用研究，产生新创意并开发新产品。为了对研究成果进行有效控制并达到独享成果的目的，企业在研发过程中必须有严格的保密制度。因此，整个研发流程必须在企业内部、由自己的研发人员完成。这样，企业必须有自己的创意并在此基础上进行研发。研发成果出来后，向市场推出新产品的过程也通过企业自己进行（图 1.3）。实力型企业依靠内部持续的高强度技术研发获得具有竞争优势的产品和技术，将其中的各个环节保持在企业内部进行，以确保对技术、知识产权的严格控制和垄断，从而维持核心竞争力。传统的封闭式创新模式在相当长一个时期内是企业发展并保持竞争优势的关键环节。

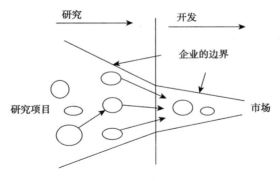

图 1.3　封闭式创新模式

资料来源：Chesbrough（2003）

开放式创新是哈佛商学院的 Henry Chesbrough 教授在 2003 年提出的，指的是企业在技术创新过程中，同时利用内部和外部相互补充的资源实现创新。同时，技术的商业化过程也可以通过内部和外部两个不同的市场渠道实现。从创新知识通过企业边界的流向，可将开放式创新分成两类（朱朝晖，2007）：内向型开放式创新(inbound open innovation)和外向型开放式创新(outbound open innovation)。内向型开放式创新，指企业利用外部的知识资源，将外部有价值的创意、知识、技术整合到企业的创新和商业化过程中。外向型开放式创新，指企业将内部闲置的未使用的创新通过授权、技术转移等方式分享出去，使其在外部组织的商业化过程中发挥作用（图 1.4）。

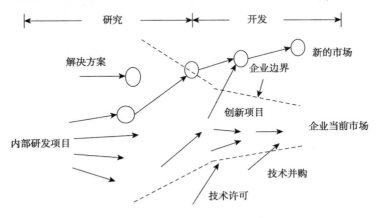

图 1.4　开放式创新模式

资料来源：Chesbrough 等（2008）

互动创新是 Rothwell（1994）在解释创新过程理论时提出的一个概念。创新的系统方法强调不同机构间的相互作用，关注知识创造、扩散、应用之间的互动过程（OECD and EUROSTAT，2005）。创新是一个互动的过程（Lundvall and Lorenz，2012），互动是创意、解决方案与技术跨越不同参与者边界的一种方式（Ford et al.，2008）。互动本身是信息交换的瞬间，隐性知识通过互动过程构建其学习机制。互动创新把学习同时看作适应与能力的构建。企业与环境的互动为其提供了进入多样化知识源的通道，通过学习企业得以将知识进行转换，进而形成创新（Meeus，2001a）。所以，互动创新指通过互动学习形成的创新。互动学习存在双向作用：一方面是附着于信息的学习，另一方面是对信息的反馈，其知识双向交换的程度嵌入在正式关系和共有利益的基础上。互动方式显示出企业补充资源的能力。盛伟忠和陈劲（2018）借用基于技术创新过程中的互动特性将技术创新定义为：独特的参与者之间有关技术的产生、传播或使用的反复互动，导致技术系统的设计或再设计的一种启发式。将互动创新定义为：独特的参与者之间有关商业、技术、组织管理的反复互动，导致组织、商业模式或产品系统设计或再设计的一种启发式。

开放式创新与互动创新的差异在于开放式创新强调对存在于外部组织的知识资源的利用和将内部闲置的知识资源通过外部企业进行商业化。而互动创新强调与外部组织之间的互动学习。一方面在互动过程中相互学习，得到增量知识并找到更好的学习方向；另一方面，在互动过程中相互启发，促进创意的产生并加速有意义创新的实现。

1.2.3　互动学习、吸收能力与创新能力概念的界定

互动学习指有利于企业创新的、与供应商和顾客之间的正式与非正式的交换和知识的共享（Meeus et al.，2001a）。本书扩展了 Meeus 等（2001a）的互动学习概念，将关注知识流与学习的联系定义为互动学习。

吸收能力指企业识别新信息价值、消化吸收并应用于商业化的能力（Cohen and Levinthal，1990）。企业的吸收能力包括企业内部知识处理能力和外部知识探索能力两方面（Rothaermel and Alexandre，2009）。企业凭借内部知识基础与外部组织产生互动学习过程。吸收能力从两方面影响企业寻求外部技术（Zhao et al.，2005）：一是企业必须有能力识别和评价技术的价值，二是有能力消化、吸收并内化所获得的技术。因为拥有吸收能力为企业提供了监控与评价技术的能力，企业在寻求相关技术方面具有更大的自信和意愿来承受不确定性和风险。

Zahra 和 George（2002）重构了吸收能力概念，将其分为潜在吸收能力和现实吸收能力。潜在吸收能力由知识获取能力和消化吸收能力组成，现实吸收能力指知识的转换和利用能力。能获取知识并消化吸收知识的企业可能不一定具有转

换知识并利用知识以产生利润的能力（Zahra and George，2002）。在此之前的许多研究强调潜在吸收能力中的能力部分，过分强调了员工应该具有的能力，而忽略了员工的工作意愿动机。组织激励理论认为，如果员工受激励程度低，即使组织成员均具有高学习能力，企业对所吸收到的知识的利用能力还是低的。所以Minbaeva等（2003）认为，企业的吸收能力由员工能力和动机组成。在此基础上，Liao等（2007）将吸收能力定义为：员工获取外部知识的能力和动机以及在企业创新能力中使用这些知识的意愿。这一吸收能力概念强调获取知识的能力和将其转换成可用知识的努力程度。Zahra 和 George（2002）将吸收能力定义为企业获取外部知识和消化吸收这一知识并将知识嵌入到企业知识基础的过程。本书中也采用了这一吸收能力概念，将关注点聚焦于对外部知识的探索和获取，把对知识进行商业化应用的能力部分归入到企业创新能力概念之中。

创新能力是不断地将知识和创意转化成有利于企业和股东的新产品、流程和系统的能力（Lawson and Samson，2001），是产生与探索全新创意、实施创新解决方案并将其开发成创新产品从而投入市场的内部驱动能量。创新能力的力量在于具有将新创意转换成商业与社团价值的组织潜力（Terziovski，2010）。Lichtenthaler U和 Lichtenthaler E（2009）从企业对内外部知识的探索与利用的角度将企业的知识能力划分为：发明能力、联结能力、解析能力、吸收能力、转化能力和创新能力。本书中的企业创新能力概念包括知识的生产与整合、知识的转换与商业化，相当于企业知识能力中的发明能力和创新能力之和；本书中采用的吸收能力概念包括获取与消化吸收外部知识，以及对组织知识基础的维护与激发，相当于企业知识能力中的吸收能力和转化能力；本书中的互动学习包括对外部知识的识别、转移以及外部知识的维护与激活四个方面，相当于企业知识能力中的解析能力和联结能力。

1.3 本书的基本思路与章节安排

本书将通过文献研究，探索企业互动创新与创新能力提升机制。因此，将在理论与现实背景基础上，先从理论上探索企业互动创新与创新能力的内涵，以及前人的相关研究。在内涵研究基础上，结合理论研究展开探索性案例分析，找出互动创新与创新能力提升关系假设模型。接下来，是相关概念测度指标的探索，以及对尚未有确定量表的企业创新能力概念展开测度指标分析。在此基础上，展开大规模问卷调查，用问卷调查所得数据对企业互动学习、吸收能力和创新能力关系进行结构方程模型分析，探索企业互动创新与创新能力提升机理。最后，是对整个研究的总结与展望。研究基本思路框架见图1.5。

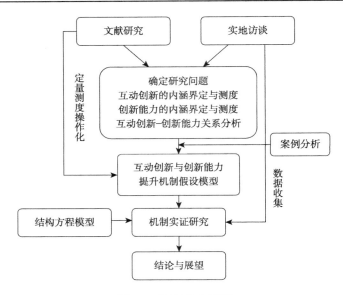

图 1.5　研究基本思路

　　据此研究思路，本书相应章节安排如下。

　　第 1 章是绪论，包括研究的现实与理论背景。实践中，我国的经济形势要求企业从成本驱动向创新驱动转型，目前占我国经济很大份额的中小制造企业处于艰难的转型期。理论上，学界对企业互动创新与创新能力提升机制的研究有所忽视。这是本书的主要背景。同时本章还对中小企业的经营与创新特征以及本书所涉及的相关概念进行了界定与阐释。

　　第 2 章是理论基础与国内外研究现状。结合所需研究的问题，本章对企业互动创新理论、互动学习理论、创新能力理论和吸收能力理论展开了述评。首先是互动创新理论的述评，包括互动创新的内涵与企业创新模式等的理论研究。鉴于互动创新以互动学习为基础，因此接下来对企业互动学习相关理论展开述评，包括组织学习理论、知识创造理论与互动学习等内容。然后是企业创新能力述评，包括企业创新能力的内涵、构成要素以及创造力与创新能力关系等内容。鉴于企业创新能力依赖于企业对外部知识的吸收与利用，因此还对吸收能力理论做了述评。

　　第 3 章是企业互动创新与创新能力提升关系探索性案例研究。本章从我国中小企业最发达的浙江、江苏两省选择了 A、B、C、D 四家制造业中小企业作为典型案例，通过探索性案例研究提出了理论假设，初步给出了互动学习与创新能力提升机理模型。

　　第 4 章是企业创新能力测度指标构建。鉴于目前学术界尚未形成成熟的企业创新能力测度指标，因而本章在前人创新能力测度研究基础上，提出了企业创新能力测度框架。结合测度框架和中小企业特征，通过问卷调查和探索性因素分析，确定了中小企业创新能力测度指标。

第 5 章是企业互动学习与创新能力关系模型构建。结合前几章的研究，提出理论关系假设，包括互动学习、吸收能力与创新能力三者关系假设，构建出理论模型。

第 6 章是企业互动学习与创新能力提升机制实证研究。本章结合相关文献研究、利用成熟量表和第 4 章的创新能力测度指标，通过问卷调查采集数据，利用 Mplus 软件对样本数据进行实证研究：用验证性因素分析确定结构方程测量模型，然后是结构方程建模。

第 7 章是结论与展望。本章对研究的主要结论进行总结，对研究的理论贡献与实践意义展开探讨。在此基础上，反思本书的研究局限所在，提出未来研究展望。

2 理论基础与国内外研究现状

本章将围绕第 1 章所提出的研究问题，对本书所涉及的主要基础理论及相关研究进行述评，从而厘清本书与现有研究成果之间的理论传承与相互关系，作为本书的理论构建基础。本章按以下顺序进行梳理。第一，对企业互动创新的现有研究成果进行评述，追溯其理论基础和发展脉络，为整个研究奠定最根本的理论基础；第二，对与企业互动创新高度相关的组织学习理论和知识创造理论的述评，并在此基础上对互动创新理论的关键要素——互动学习概念进行理论拓展；第三，对企业互动创新理论——互动学习、吸收能力和创新能力关系展开述评；第四，对企业创新能力测度理论述评；第五，对现有研究进行简要总结，找出其中的局限性和不足之处，明确本书的研究切入点。

2.1 企业互动创新理论述评

互动创新概念是 Rothwell（1994）在解释技术创新过程时首先提出的。劳动分工的演进促进了多元化和新的互动界面的涌现。具有不同知识类型的个体和组织间的互动、不断提升的专业化趋势增强了知识多元化程度和知识要素的新组合潜力。在新经济环境中，互动创新过程是企业成功的最关键要素（Manley，2003）。企业创新过程要用到很多不易获得的异质性资源，它们不均衡地分布于不同的国家、地区和机构，这些资源的获取需要通过互动激活，从而促进对这类资源的获取。机构间通过互动获得、开发并交换各类知识、信息和其他资源。学术界最为推崇的创新过程模型——川崎等的链式模型（Kline and Stephen，2009）与 Rothwell（1994）的五代创新模型——均以互动为基础。

2.1.1 互动创新内涵

创新系统由在生产、传播与经济地使用实用型新知识时的互动要素和关系构成（Lundvall and Lorenz，2012）。在该系统中，创新的出现在一定程度上是经济主体间社会互动的结果。创新的系统方法强调不同机构间的相互作用，关注知识创造、扩散、应用之间的互动过程；创新效能严重依赖于在知识创造与使用的集体系统中相互联系的方式（OECD and EUROSTAT，2005）。

互动概念包含了依赖于不同知识拥有者（人或组织）之间的沟通与学习。在知识创造过程中，来自不同组织的知识通过在个体间的动态互动进行组合。互动与知识共享能促进信任、激发价值创造、帮助克服创新开发中的交换黏性，进而降低创新成本和不确定层次。创新者与外部思想的联结，能引发创造独特的、有吸引力的价值主张。互动还为企业在多元的经济世界中识别远距离的、往往是未知的潜在合作伙伴提供了一种有效的运作方式。它给企业带来资源与活动，使企业在充满不确定性的世界中得以稳定发展，促进企业在互动过程中得到升级。

尽管如此，前人并没有对互动创新给予明确的定义。盛伟忠和陈劲（2018）借助前人基于创新过程中的互动特性的技术创新定义"独特的参与者之间有关技术的产生、传播或使用的反复互动，导致技术系统的设计或再设计的一种启发式"，结合互动创新特征，将企业互动创新定义为：独特的参与者之间有关商业、技术、组织管理的反复互动，导致组织、商业模式或产品系统设计或再设计的一种启发式。

Mcinerney 和 Koenig（2011）总结了 IBM 公司的知识管理架构与流程（图 2.1），从个体与团体的知识共享维度和团队的互动维度概括了互动创新的四种情景模式。他们将团队内个人知识之间的高度互动定义为创新互动模式；将团队内个人知识之间的低度互动定义为技能互动模式；将团队内集体知识的高度互动定义为响应性互动模式；将团队内集体知识的低度互动定义为生产性互动模式。比较一下这四种模式就可以看出，个体间互动程度越高，创新性越强；团队间互动层次越高、知识共享程度越大，反应能力就越强。如果只是简单地增加个体知识，而没有互动与知识的共享，个体知识对组织的贡献就相当有限。

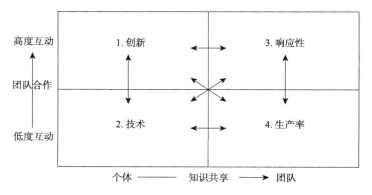

图 2.1　IBM 公司知识管理架构与流程图

资料来源：Mcinerney 和 Koenig（2011）

　　互动本身是信息交换的瞬间，而隐性知识通过互动过程构建其学习机制。互动学习是一个双向的机制：一方面，是对信息的学习；另一方面，是对信息的反馈。在个体层面，机会垂青于互相联结的思想——不同背景、不同领域的思想互相碰撞，是触发人类心智的最佳环境；让自己的灵感与他人的灵感进行交互，能让创造者产生未曾想过的新方向（Johnson，2010）。历史上意大利文艺复兴时期特定的互动环境和文化造就了大量的杰出代表。在企业层面，企业内部成员存在知识背景方面的差异，每位成员在特定专业知识方面的精通程度也有所不同。为实现创新，每位成员需要展示出自己的特长，进而将所有成员的专业特色有机地结合起来。同时，利用外部异质性资源，可以使企业更充分地意识到外部的潜在资源空间，为适应、学习和开发新的能力提供机会。知识的增加一方面可以使企业更加精准地进行生产活动与创新活动，另一方面可以使企业增强对外部环境的信息流监控，促使企业增强风险意识与机会意识。另外，企业层面的大部分创新可归结为借鉴而非发明。互动作为创意、解决方案与技术跨越不同参与者边界的一种方式（Ford et al.，2008），为企业提供了一种利用外部知识和能力的途径。在机构与社会层面，互动学习可将嵌入在设备、配件、软件甚至是新业务方案中的地方知识转换成常规性知识（Lundvall，2006）。

　　Lundvall 和 Lorenz（2012）、von Hippel（2005）等对企业与用户和生产商之间的互动学习做了较为深入的研究。Meeus 等（2001a，2001b）将互动学习扩展到创新企业与四类独特的外部参与者间的互动：大学与应用研究中心、客户、供应商和竞争对手，并提出了互动学习层次这一概念，认为互动学习层次决定了创新企业从这些独特的外部参与者获取信息的程度，并比较了英国高技术区域中不同类型企业间的互动学习层次。

Chesbrough 等（2008）提出开放性创新概念。认为过分专注于内部的企业存在错失机会的趋势，因为外部创意往往可能比内部创意更具价值，其中许多机会将使企业超越现行业务或与外部技术组合释放其潜力。许多创新企业通过广泛使用外部资源和外部参与者来帮助、支持他们实现创新。同时，企业也可将自己的创新成果授权给外部企业应用，一次性获得良好的创新收益。开放性创新模式的中心环节是搜索具有商业潜力的创意，忽略了企业的开放性需要通过企业与外部互动这一载体才能实现这一事实。企业对外部知识伙伴的开放涉及识别和选择合适的伙伴、发展互动方式、构建管理关系等方面的互动与信息处理（Love et al.，2014）。

互动创新是一个学习和激发灵感的过程，把学习同时看作企业对环境的适应和企业能力的构建。企业与外界的互动为其提供了进入不同知识源的多样化通道，通过学习企业得以将知识进行转换，并进而形成创新（Meeus et al.，2001a）。一方面，企业通过与外空间中其他组织的互动和交换获得信息、资源与技能，改善和提高自己的创新性；另一方面，企业内部也存在信息、资源和技能的交换，可完成对知识的探索、吸收、转化和利用的全过程，为组织的创新与发展奠定基础（Cohen and Levinthal，1990）。

实证研究发现，创新企业比非创新企业在外部创意源、信息与技术方面存在更频繁的互动。相关创新联结的空间触角大，企业引入的创新就相对新颖（如具有行业新颖性的产品或流程）；相反，空间触角小的企业更有可能嵌入在地方之中，创新程度就相对小得多（Freel，2003）。英国苏塞克斯大学科学政策研究所发起的 Sappo 项目通过对成功企业和不成功企业的对比分析发现：创新成功企业与供应商、客户以及其他知识机构有着更多的密切互动；企业部门间也存在更密切的互动（金鑫，2009）。Katila（2002）对机器人行业的研究发现，造成企业创新效能差异的本质因素在于企业对不同行业知识的利用。而乔布斯的施乐公司帕洛阿尔托研究中心之行，则成为苹果公司创新性操作系统 Macintosh 与鼠标、现行的 OSX 操作系统观念的发端与催化剂。国内学者张宏（2007）研究分析了内部信息、市场信息、研究信息、可得到的总体信息源等四类信息对制造过程产品开发与改进的影响，结果显示：创造出全国或国际领先产品的企业使用更广泛的信息源，特别是使用更广泛的研究信息源来开发或改进产品或流程。周长辉和曹英慧（2011）基于一大型国企中 58 个创新单元样本的研究发现：创新绩效与其在外空间非工作网络的关联紧密度呈正相关，与内空间成员间的关联紧密度也呈正相关。

2.1.2 互动创新模式

对创新模式的研究,川崎等的链式模型(Kline and Stephen,2009)与 Rothwell (1994)的五代创新模型有着异曲同工之处,它们分别是欧洲学术界与美洲学术界广泛认同的经典创新过程模型。两者均以互动为基础,可将它们作为互动创新模式。

2.1.2.1 互动创新链式模型

川崎等(Kline and Stephen,2009)认为,企业创新是一个复杂的、不确定的、无序的过程,传统的技术推动和市场拉动观(图2.2)过于简单地将创新看作线性的过程,不能准确地描述创新。

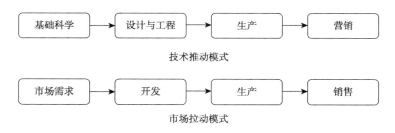

图 2.2 技术推动模式与市场拉动模式

资料来源:Rothwell (1994)

在创新过程中,需要不同的参与人员并考虑到不同类型的变化,需要对不同类型的知识、技能和资源进行组合,如企业、客户、网络、制度、政府、文化和历史等。创新作为一个多输入的学习过程,涉及知识创造过程中的许多互动与反馈。例如,创意源自商业机会与技术机会的互动,商业成功需要对多种要素进行优化,用户的反馈是创新的重要组成部分。川崎和罗森伯格的企业互动创新链式模型(图2.3)强调企业在创新过程中不同阶段的反馈回路,特别是科学与技术间的联系、企业创新过程中相邻阶段间的互动(如用户需求与市场感知之间的反馈)和科学的作用(现有知识与研究的结合),突出了非研发要素的重要性,如设计、工程开发与实验、培训、市场研究等。

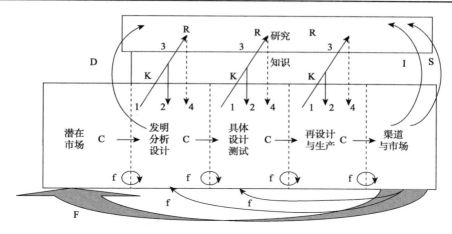

图 2.3 企业互动创新链式模型

资料来源：Kline 和 Rosenberg（2009）

图 2.3 中的 C 表示创新中心链；D 表示研究与发明设计中的问题间的直接联系；f 表示反馈回路；F 表示实践中的重要反馈；I 表示创新对科学研究的支持，如仪器、工具、技术流程等；S 则表示产品信息或外部监测信息对科学研究的支持，信息可能处于链中的任何位置；K-R 表示知识与研究的联系与返回路径。如果问题在结点 K 得以解决，3 与 R 间的联系不会激活；从研究 R 直接返回创新中心链（联系 4）是有问题的，所以使用虚线。

2.1.2.2 五代创新模型

Rothwell（1994）将创新过程理论归结为技术推动、市场拉动、耦合、整合和聚合五代模型，认为前两代是第三代的特殊形式。而后三代模型均以互动为主导，所以可将技术创新过程归结为互动创新范式。

耦合模型（图 2.4）源自对美国 20 世纪 70 年代两大石油危机下的企业创新实践研究，其模型结构几乎是企业创新链式模型的翻版，认为成功创新是多要素共同作用的结果：创意产生于技术能力与市场机会的互动，组织内部互动与多组织互动是有效创新的条件。创新过程总体上可以看成是组织内部与组织外部复杂的沟通网络间的互动，通过互动不但将企业内部不同的职能部门联结在一起，还将企业与广泛的科学和技术团体、市场联结在一起。由于行业特性不同，各行业在互动创新不同要素上的重要性各不相同。

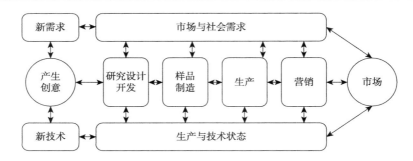

图 2.4　创新的耦合模型

资料来源：Rothwell（1994）

整合创新模型(图 2.5)源自对 20 世纪 80 年代日本领先企业创新实践的研究，主要特征是一体化、并行运作、扁平的组织结构、开发早期有效将供应商整合到开发过程、与领先用户密切联系以及横向联盟。整合创新模型中组织内部结合的紧密程度要高于耦合模型。

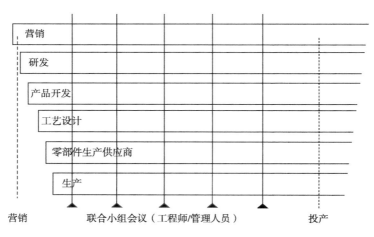

图 2.5　以尼桑公司为代表的整合创新模型

资料来源：Rothwell（1994）

聚合模型(图 2.6)源自对日本企业在新产品开发速度的控制能力方面的研究，其特点是企业与外部组织之间的互动程度要高于整合模型，即存在一个支持其实现创新速度、效能整合与网络构建的跨边界互动整合系统。其创新过程的关键特征是整合、柔性、网络与并行（实时）信息处理。这里的基本战略要素是基于时间的战略、关注质量、客户和其他非价格因素、强调企业柔性与响应速度、与主要供应商战略整合、横向技术合作和信息化。三代互动创新模型所对应的开发时间与开发成本（"U"形）曲线依次下移。第五代创新的精髓在于通过网络化整合不同组织，使纵向的价值链在企业生产过程中水平融合，并在互动过程中促进不同组织针对异质性知识的学习和整合，从而系统地提升企业的创新能力。

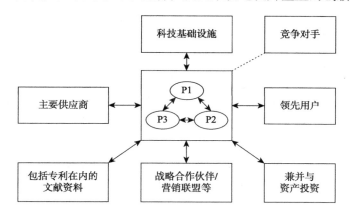

图 2.6　创新的聚合模型

资料来源：Rothwell（1994）

P1、P2、P3 泛指企业内各部门或业务单元，如研发部门、生产部门和销售部门；实线表示焦点企业与其他外部互动学习对象之间的互动是直接互动，虚线表示与竞争对手之间的互动属于间接互动

2.1.3　小结

从上述文献可以看到，尽管互动创新概念早在 1994 年就已出现，但对互动创新的研究一直没有得到系统展开。早期研究碎片化地分布于技术创新模式研究、国家创新系统和区域创新系统理论中，近年来的研究主要分布于组织学习和知识创造研究，如互动学习以及其他的创新研究（开放式创新和技术创新源研究）中。这些研究均以创新过程的知识流动为核心，强调互动过程中的知识流和信息流对创新的重要性，认为互动创新既是一个在学习过程中能力积累的过程，又是一个灵感激发的过程，许多实证研究证实了这一点。

从欧洲学术界与美洲学术界广泛认同的经典创新过程模型可以看到，企业创新建立在不同类型的知识、技能和资源的优化组合基础之上。互动概念包含了依赖于不同知识拥有者（人或组织）之间的沟通学习和"上游"活动（如研发）与外部参与者（如用户团体）或基础科学设施间的反馈。与外部知识的整合程度越高，创新速度越快，创新成本就越低。而与外部知识的整合，需要以企业与外部知识的多方位实时互动为基础。

2.2　组织学习与知识创造理论述评

互动创新指通过互动学习产生的创新。企业与外部知识主体的互动决定了一家企业资源通道的多元性，通过学习促进企业将这些资源转化成创新（Lundvall and Lorenz，2012）。知识既是学习的结果也是学习的基础，而学习既包括获取知识的过程又包括应用知识的过程。在现代经济社会中，组织学习在异质性知识与创新绩效之间起中介作用（郭尉，2016），是企业创新能力提升与跃迁的关键因素（冯军政等，2013；邓小翔和丘缅，2016；吴晓波等，2018），属于企业的关键性战略资源（Nonaka，1994；Teece，2007）。

2.2.1　组织学习理论

知识是由知者的心智产生并储存的，是由经验、价值观、情境信息和专业洞察力等要素构成的一个流动的、动态的混合体。它随着刺激和学习随时更新，同时能提供一个参考结构来评估与整合新刺激所产生的信息与经验，形成新的结构并指导决策和行为。在组织内，知识不仅存在于文件与知识库中，也存在于例行的工作、流程、实践与文化之中。知识与信息具有差异的结构。信息是知识的流动，具有创造新知识、增加或转换现行知识的潜力；而知识需要有人理解，通过信息的流动得以组织和创造（Nonaka，1994）。知识附着在拥有者的信仰与承诺之中。也就是说，知识通过人员流动并停留于个体之中。

知识管理研究的基本观点是，可将企业累积的技能、专业知识和智慧看作企业的知识库存，将企业新获取的、转换的、整合的知识看作丰富并改变企业知识库的知识流。知识流包含通过组织边界交换的新知识，以及尚未利用的有潜在价值的组织内部知识。知识库是组织核心能力的基础，知识流则是促进组织学习和动态发展的能力基础（Teece，2007）。如果没有连续的知识流来增强并更新其战略价值，企业现行知识库就有可能会引起核心刚性。

组织学习研究创始人 Cyert 和 March（1963）借用个人学习的刺激反应说，从经济学和心理学中提取了适应-反映性因素，提出了组织学习的适应性模型。他们认为组织学习是一个个体信念—个体行为—组织行为—环境响应的循环（图 2.7）。

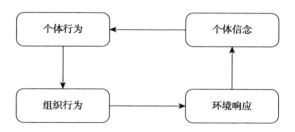

图 2.7　组织学习的适应性模型

资料来源：Cyert 和 March（1963）

Haeckel 和 Nolan（1993）则从决策视角考察了组织学习过程，认为组织决策是组织对环境变化的适应，认为一个完整的组织学习循环应该包括感应、解释、决策、行动四个过程（图 2.8）。这一模型只解释了组织层面的学习过程，抛开了个人学习、团队学习对组织学习的作用。

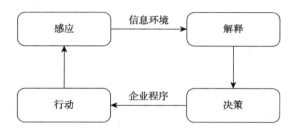

图 2.8　组织学习循环

资料来源：Haeckel 和 Nolan（1993）

Crossan 等（1999）的直觉（intuiting）、解释（interpreting）、整合（integrating）和制度化（institutionalizing）4I 动态模型将组织学习在个体、小组和组织三个层面的学习联结起来（图 2.9）。他们认为，组织学习是一个动态的过程，学习会随着时间的推移涉及个体、小组和组织三个层面，而且在对已学到内容的挖掘与使用（反馈）和吸收新的学习内容（前馈）之间应产生竞争性平衡。新的思想和行为会通过前馈从个体流向小组再流向组织层面，已学到的制度化的知识则同时会通过反馈从组织层面流向小组再流向个体层面，影响组织的学习和思考。

Jerez-Gómez 等（2005）认为，组织学习是个体获取知识并且将其转变成组织层面的知识的过程，即将个体学习转化成组织学习的一个过程。这个过程始于个体知识的获取，随着知识的交换和整合而发展，直到成为集体知识。这种集体知

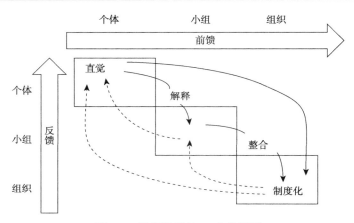

图 2.9　组织学习的 4I 动态模型

资料来源：Crossan 等（1999）

实线表示前馈知识（吸收新的学习内容）的流动方向；虚线表示反馈知识（对已学到内容的挖掘与使用）的流动方向

识被存储到组织记忆中，它会对组织以后的学习过程、学习方向、对知识的解释方式以及知识的共享产生影响（图 2.10）。

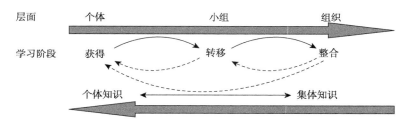

图 2.10　组织学习过程

资料来源：Jerez-Gómez 等（2005）

实线表示从个体知识学习到成为集体知识的流动方向；虚线表示存储在组织记忆中的集体知识对以后的知识解释与利用的流动方向

　　Zollo 和 Winter（2002）研究了组织学习与动态能力之间的关系，认为组织的知识发展过程是一个循环的演化过程（图 2.11）。组织在受到竞争者创造性活动、科学发现等外部刺激时，会产生一系列关于如何用新方法解决旧问题（或处理一个新挑战）的思想，这一阶段被称为生成性变异阶段。组织在这一阶段将外部刺激与内生性信息结合，有可能产生实质性的创新思想。这些新的思想经过组织内部的潜能和机会评价，成为组织的问题解决方案。然后，组织实施所选择的解决方案，进而将这些解决方案在组织内相关部门扩散，成为被证实的可行的变革性行为。随着新知识的不断共享和应用，逐渐成为组织内新的规则和惯例。

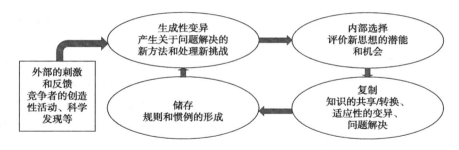

图 2.11 组织学习的动态演化

资料来源：Zollo 和 Winter（2002）

Crossan 等（2011）在 2009 年获得《管理学评论》期刊十年最多引用奖后，对组织学习理论进行了反思。他们认为，组织学习理论的复杂性体现在四个方面：①组织学习涉及利用已经学到的知识和消化吸收新知识之间的张力。②组织学习具有个体、小组和组织多个学习层面。③三个层面的组织学习通过直觉、解释、整合和制度化四个社会与心理流程联系在一起：直觉与解释发生在个体层面，解释与整合发生在小组层面，整合与制度化发生在组织层面。④认知影响行为，反过来，行为也影响认知。他们认为，组织学习理论流程的四个方面刚好对应于 Burrell 和 Morgan（1979）社会学研究人文主义、解释主义、结构主义、功能主义四分类中的四个象限（图 2.12）。图 2.12 中，组织学习流程就像在不同范式之间的桥梁。随着组织学习流程从个体到小组再到组织，组织学习也因而进入了不同的范式。直觉是有关个体思考方式的变化，使个体能感知到新的可能性。解释是通过小组成员间的对话与互动来共享并巩固个体的洞察或顿悟。在解释期间，拥有新见解的小组成员会与代表旧次序的结构发生冲突。如果创新能成功，现行的结构就必须调整以适应新生事物，因此最后一步是制度化。

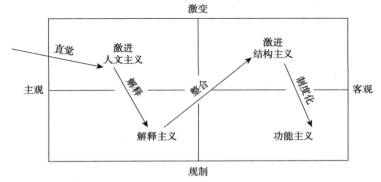

图 2.12 4I 流程在 Burrell 和 Morgan 社会学研究四象限中的对应关系图

资料来源：Crossan 等（2011）

也有很多学者从学习过程的角度研究组织学习。Duarte 和 Snyder（1997）认为，组织学习是一个包含信息收集与过滤、信息分析、信息存储、信息共享与扩散的过程。Petersen 等（2004）则认为，组织学习是一个知识的产生和/或获取、解释、转换和消化、存储与提取的过程。Lichtenthaler U 和 Lichtenthaler E（2009）则将组织学习的过程分为三个主要阶段：知识探索、知识保持和知识开发。

总体上，组织学习是为改善现有的知识结构并逐步实现知识的积累与发展的一个知识与信息获取的过程。组织学习过程基本上可分解为新知识的识别与获取、新知识的扩散与学习、新知识和思维模式整合以及知识存量增强四个阶段。实证研究认为，企业的竞争优势来自整合各种不同的专业知识，知识整合效率、知识整合范围和知识整合弹性是产生企业竞争优势的关键。知识的整合效率可通过组织成员间的接近性和能够使用组织专属知识的程度实现；知识整合范围取决于专属知识的深奥程度，包含知识的互补性和模糊性两方面；而知识整合弹性取决于组织所拥有的知识与外部知识的接近程度，决定了组织重新建构目前知识的机会大小。

2.2.2　知识创造理论

互动创新过程涉及沟通、知识的共享和创造。互动沟通是知识共享的手段，知识共享的结果是知识的转移和知识的创造。沟通观将互动过程中的知识共享视为一种沟通的过程，是一个由知识拥有者将知识外化，知识的接收者对接收到的知识进行内化的过程。在互动过程中，知识的共享与信息的共享有所不同。知识的共享不仅单是信息从一方传递给另一方，还隐含着一方帮助另一方了解信息所蕴含的意义，协助对方理解知识，并将知识成功地转移给对方，形成对方的行动力。Nonaka（1994）认为，互动过程不仅是一个沟通与知识共享的过程，同时也是一个知识的创造和创新的过程。在成员之间进行知识共享的过程中，促成了成员与组织在隐性知识与显性知识间的转化，创造出新的知识。

创新通常来自创新者个人的信念，这些信念通俗地讲就是他们对世界的看法，学界称之为认知模式。创新的过程就是将主观看法转换成客观语言，并努力争取所处组织的认同，最后将概念转化成具体产品的过程。

认知指个体通过建立思维模式、信念体系和知识结构理解、建构并赋予其所处的世界以意义，然后决定采取何种行动的过程（有限理性）。个体处理外部环境给予他的各种复杂刺激的能力是有限的，所以他用"心智表征"来过滤、解释、重构输入的信息，在特定环境下，这些信息可能成为创造性观点和新思想的基础，但同样也会导致偏见和认知惯性。心理学研究主要关注个体心智模式对信息进行处理的过程与结果，管理学研究则将分析扩展到群体与组织层面。研究表明，一个组织也会形成一套集体共同的思维模式和解释框架，进而影响到管理层的决策和组织行为。一个组织的认知能力之所以不同于个体的认知能力，在于它包含了一个社会维度，即社会–认知的联通。

Nonaka（1994）研究了日本企业的知识创新经验，将调查的佳能、本田、松下电器、日本电气、日产、花王等企业的新产品和新工艺开发的过程进行详细地剖析，发现一个重要的共同特征，即一个组织之所以比其他组织更具竞争力，是因为它能够有组织地充分调动蕴藏在成员内心深处的个人知识。他系统地提出了隐性知识与显性知识之间的相互转换模式，认为由此引发的知识创造是创新的原动力。其知识创造理论的基本前提是：人的学习成长和知识的创新都是在具有特定社会交往的群体与情境中实现的。

Nonaka（1994）从认知论和存在论两个维度来阐述企业的知识创造。他将哲学家波兰尼的隐性知识概念延伸到了实践层面，从认知的角度将知识分为显性知识和隐性知识。隐性知识包括认知层面和技术层面两方面的知识。认知层面的隐性知识即认知模式，指人类在内心通过构造和运用类比来创造世界的运作模式，包括信念、领悟、理想、价值观、情感等。尽管这些知识的内容很难用语言符号表达出来，但却始终对人们感受周边世界的方式产生影响。技术层面的隐性知识包括秘诀、手艺和技能等，属于经验知识，源自亲身体验、具有高度主观性，个人的洞察力、直觉、预感或灵感等都属于这一层面。隐性知识是非格式化的，它可能来自出色设计师的神来之笔、工匠师傅的独特技艺、基金经理的即时判断、销售员的市场嗅觉或发明者闪现的灵机一动。而显性知识，是指可以用符号系统完整表述的、清晰的知识，包括文字陈述、数学方程、图表、技术说明书甚至手语、旗语等。这类知识是格式化的，可以通过书籍、软件或网络进行传播，可以借助传媒来交流，因此是属于客观的、理性的知识。在隐性知识的获取方面，必须涉及人际互动、合作意愿、共有经历、默契配合等软条件，才可以有效交流。尤其在涉及个人预感和直觉这类知识时，个人的愿望和意志起决定作用。存在论的维度主要考虑创造知识的各层次主体，即个体与组织。知识创造理论阐述了隐性知识和显性知识之间的相互作用，从较低层次向较高层次动态扩大、螺旋运动的过程。

Nonaka（1994）的知识创造螺旋将隐性知识和显性知识的相互作用过程分解成社会化（socialization）、外部化（externalization）、组合化（combination）和内隐化（internalization）四个知识转换模式（简称 SECI 流程，图 2.13）。社会化指通过群体内直接体验隐性知识的共享和创造过程实现，其中，获取隐性知识的关键在于观察、模仿与实践；外部化指通过对话与思考将隐性知识表达出来，这是一个用显性化的概念和语言将隐性知识清晰表达出来的过程，转化方式可以是隐喻、类比、概念和模型等；组合化指对显性知识与信息进行系统化处理与应用的一个过程，利用各种媒介所产生的语言与数字符号，对各种显性概念进行组合并系统化；内隐化是一个在实践中学习并获取新的隐性知识的过程，也可以说是对显性知识进行形象化和具体化的过程。通过将新产生的显性知识进行汇总、组合，让企业员工消化吸收并升华成他们自己的隐性知识。该转换循环的每一个转换模式都涉及不同的知识创造实体组合：社会化从个体到个体；外部化从个体到团体；组合化从团体到组织；内隐化从组织到个体。因此，可以将知识创造的动态过程概括成：通过将高度个体化的隐性知识共享、概念化和系统化，在整个组织传播扩散，从而使得企业员工能消化吸收这些知识，并将其升华成为员工自己的独特的新的隐性知识。从时间的逻辑顺序来看，组织知识创造过程分为五个阶段，即共享隐性知识、创造概念、验证概念、建造模型和转移知识。组织的知识创造经过这样一个完整过程后，会进入激发新一轮知识创造的螺旋。

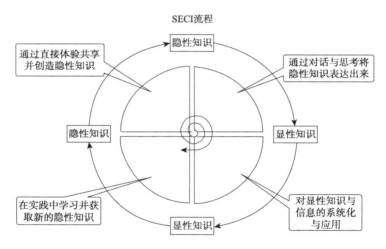

图 2.13　组织知识创造的 SECI 流程

资料来源：Nonaka（1994）

　　知识是由特定情景下的行为创造出来的，知识的创造过程涉及特定时间、空间和关系的互动。Nonaka（1994）将行为科学中"场"的概念应用到了知识管理领域。他把场定义为"分享、创造及运用知识的动态的共有情境"，是"为进行个体知识转换过程及知识螺旋运动提供能量、质量的场所"。这种场包括物质空间、虚拟空间和心灵空间。场既可以在项目团队、工作群体、临时会议层面出现，也可以在个体间、非正式圈子、虚拟空间和与顾客接触的层面出现。场的参与者将自己的情境带进来，通过与他人及环境的互动，场的情境、参与者及环境会因此发生变化（图 2.14）。知识创造通过场、知识资源、知识创造螺旋（SECI 流程）三个层面来实现。因此，场是知识创造过程中的主要平台，场的作用程度会直接影响到知识创造的效果和效率。

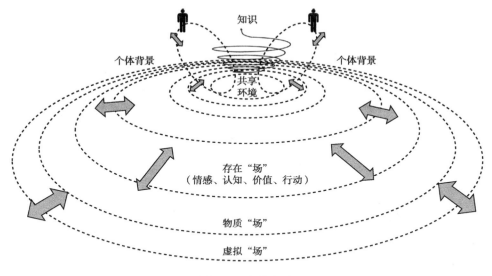

图 2.14　场的概念

资料来源：Nonaka（1994）

对应于知识创造的四阶段过程，Nonaka 等（1994）提出了四种场：创出场、对话场、系统场和实践场。社会化过程需要创出场，外部化过程需要对话场，组合化过程需要系统场，内隐化过程需要实践场。每个场提供的平台可以促进特定阶段的知识转化。

创出场是传播、转移、扩散和共享个人隐性知识的场所。但创出场仅仅能够形成共同体验，并不产生新知识，只是一个孕育新知识的肥沃土壤。对话场是把个人想法和思路用文字、语言、符号等形式表达出来，转化为显性知识的场所。它主要营造一种氛围，促进交流意见和激烈争论，以获取"理不辩不明"的效果，使个人的隐性知识转化为部门的显性知识，把个人的专有知识转化为部门的共同知识。对话场能增加组织知识存量，促进新知识生产。系统场是一个传播知识、整合知识的场所。系统场可以使组织的内部知识资源得到充分利用和共享。实践场是以个人为主体的情景场所。它通过个人的主动行为，检验和吸收新创造的知识，并把它变成新的属于自己的隐性知识。

在考虑到组织结构影响的同时，还需要考虑组织边界。场并不局限于单一企业内部，还可以跨越组织边界。场可以建立在与供应商、竞争者联盟，以及与顾客、大学、社团、政府的互动中（图 2.15）。如果场是相互连接的，企业成员可以通过对不同场的参与超越组织边界并进一步超越场的边界。

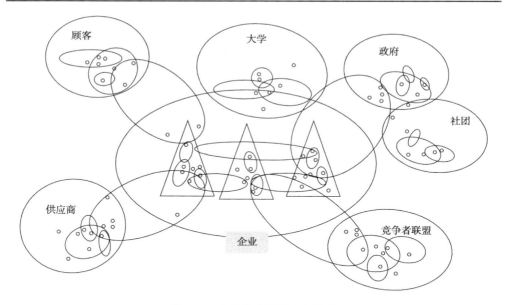

图 2.15　企业作为场的有机构成

资料来源：Nonaka 和 Konno（1998）

　　我国学者褚建勋和汤书昆（2007）基于对知识理解的渐悟与顿悟双重机制，发现知识创造具有明显的非稳态"跃迁"特征，在 Nonaka（1994）的 SECI 模型基础上提出了基于顿悟学习的 Q-SECI 模型。他们认为，SECI 只强调了隐性知识在个体之间通过观察、模仿和实践等方式逐步获得渐进式知识流的渐悟学习，忽视了组织学习过程中隐性知识"突变"飞跃这一个体"顿悟"心理特征。"顿悟"是对知识理解领悟的瞬间，在顿悟学习的准备阶段，关键信息已经部分地被提取出来。当受外界刺激时，个体理解潜力被激活，出现个体知识的突变。褚建勋和汤书昆（2007）研究发现，在 SECI 知识创造螺旋上升模型中蕴涵着深刻的创造思想，存在着个体顿悟和组织共享两种不同的动力机制，他们将这两种不同的动力机制分别定义为"知识创造力"和"知识集成力"。知识创造力指个体的理解得到顿悟升华，进而创造出新知识或更高层次知识的能力。而知识集成力是在已有知识的基础上，使知识变得更为清晰和有序，进行系统集成的能力。在 SECI 知识创造过程中，在隐性知识成分较多的象限内，个体顿悟动力相对更为重要，因为知识的创造需要通过观察模仿、实践体验和类比创造等方式加速学习者的顿悟，这一过程类似于量子态跃迁。这一阶段是个体知识创造力最为丰富的阶段，应积极构建能及时反馈的人际沟通平台来促进个体顿悟的发生。在显性知识成分较多的象限，需要通过知识共享来集成知识，因此这一阶段的知识集成能力更为重要，可通过文本化、系统化和沉积化等技术手段形成高效的信息平台，使组织知识得到更有效的集成，为知识创造打好基础。

Akbar 等（2017）研究了创新前端的组织知识创造动态流程，识别了组织知识创造模糊前端的五个阶段：知识的创造、评价、扩展、精炼与具体化。组织的知识创造代表着一个新知识的构建过程，同时也是一个动态的互动流程。组织的知识创造始于个体创意的产生，在团队层面得到扩展、精炼与具体化，最后与组织背景相结合。知识概念化始于创意形成阶段，而创意主要产生于个体跳出框架之后进行的思考和类比。这时最重要的是个体的前期知识。知识的评价阶段对所产生的创意进行分析和潜力评估，涉及结构化流程和直觉流程，主要通过团队互动完成。这时最重要的是同事的反馈。知识扩展阶段将给创意带来新的特点和应用，该阶段主要通过团队互动展开。在知识精炼阶段，通过结构化流程与共享流程使创意得到精简，变得可实施，该阶段主要通过团队互动实现，最重要的是小组会议。最后的具体化阶段就是通过分解与整合，将知识整理成合乎逻辑的整体，形成新知识。

在此基础上，Akbar 等（2017）基于组织知识创造模糊前端阶段流程维度和知识的创造与转化（或者说探索与利用）维度，以及各阶段间重叠区域的相关反馈回路，构建了一个组织知识创造模糊前端的知识概念化动态模型（图 2.16）。他们认为，组织知识创造模糊前端各阶段间的反馈回路是随着时间变化的一个互动循环，能起到提升与精炼创新、将新知识明确表达出来、综合探索和利用之间的冲突与张力的作用。

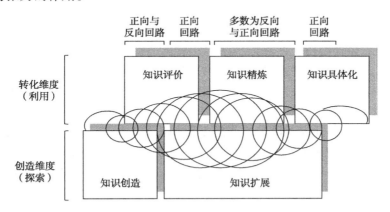

图 2.16　组织知识创造模糊前端的知识概念化动态模型

资料来源：Akbar 等（2017）

2.2.3　企业的互动学习

企业与外部组织的联系可划分成关注市场交易的联系和关注知识流与学习的联系（Ariffin，2000）。关注市场交易的联系指企业在现有生产能力下的产品供应与销售，不涉及增强能力的要素。而关注知识流与学习的联系可分为生产学习联系、创新学习联系和以创新为中心的联系。Meeus 等（2001a）将互动学习定义为有利于企业创新的、与供应商和顾客之间的正式与非正式的知识交换和知识共享。本书扩展了 Meeus 等（2001a）的互动学习概念，将互动学习的范畴扩展为企业所涉及的关注知识流与学习的联系。

互动学习关注企业与外部伙伴建立联系通道并利用其知识的过程，隐含着创新依赖于企业与其他企业（客户、供应商、竞争对手）、研究性组织（大学、其他公共和私立研究机构）和公共机构（技术转移中心、开发机构）等经济体间的互动与知识流动（OECD and EUROSTAT，2005），互动企业间知识双向交换的程度嵌入在决定其相互学习的正式关系中（Meeus et al.，2001a）。与供应商、用户、公共支持机构的互动学习可以为企业提供企业本身不容易提供的、缺失的外部输入。互动学习的发生可以是为了收集技术与市场知识，也可以是为了获取不同的其他输入来补充内部学习过程，如外部员工培训、零配件、咨询服务、研发资助等（OECD and EUROSTAT，2005）。已有众多研究证实了不同外部资源对企业创新的重要性。如徐蕾和李明贝（2019）实证了多元技术对创新绩效的正向影响。Kaufmann 和 Tödtling（2001）的研究指出了企业与大学的合作是推动企业创新、提升创新能力的重要因素。Freel 和 Harrison（2006）的研究发现，企业与供应商和大学的合作对工艺创新的成功有重要影响。Fritsch 和 Franke（2004）的研究认为企业与科研机构的联结有利于企业开展研发活动、提升企业创新能力并加速专利产出。Massa 和 Testa（2008）指出企业与中介机构的网络联结对于创新溢出与绩效提升的重要影响。张文红等（2010）的研究认为，服务型中介机构不仅是重要的创新知识源，同时还是制造企业进入各种异质性社会网络的桥梁。Zhang 和 Li（2010）的研究证实了四类服务中介——技术性服务企业、会计与金融服务企业、法律服务企业、猎头公司与企业的网络关系对新创企业创新的重要影响。

外部创新源的概念涵盖两层含义：一是指外部创新主体，外部研究机构、企业的用户、供应商与竞争对手等都可以成为为企业提供创新资源的外部创新主体；二是指外部创新资源，包括技术、信息、知识、资金等，即外部创新主体能为企业带来的有形或无形资源。Laursen 和 Salter（2006）在对英国制造企业开放性创新效能的研究中将外部创新源分成四个类别：市场源、机构源、专业源和其他源。

Meeus 等（2001a）引入了企业互动层次的概念，将创新企业与外部知识的互动划分为与大学和研究机构的互动学习、与客户的互动学习、与供应商的互动学习、与竞争对手的互动学习以及与桥梁机构的互动学习五个方面，意即企业可以从这五个维度与外部知识展开互动学习。互动层次表明了企业与外部知识的互动程度，用接触频率测度。Ritter 和 Gemünden（2003）在研究了 308 家德国机械与电子工程企业后发现，网络能力对企业间技术协作程度和成功的产品与流程创新有着强正向影响。他们归纳了行政机构、供应商、研究与培训机构、共享供应商、竞争对手、咨询机构、采购商、渠道商八类创新伙伴各自对企业创新的贡献（图 2.17）。

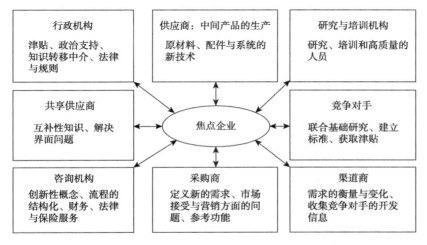

图 2.17　创新伙伴及其贡献

资料来源：Ritter 和 Gemünden（2003）

企业创新过程中较为关键的外部知识互动界面涉及零配件与系统生产商之间、上下游企业之间、大学与工业界之间、政府机构与大学及工业界之间的互动。《奥斯陆手册》将创新企业与外部的知识联系分成三类（OECD and EUROSTAT，2005）：公开信息来源（提供了无须购买的技术和知识产权的公开可用信息）、知识与技术的获取（购买外部知识或固化了新知识或新技术的资本品和服务如设备、软件等）、创新合作（与其他企业或研究机构合作进行创新活动），这三类联系都来自与外部市场及商业活动、知识研究和服务机构以及一般的公开信息源的互动。结合前人研究和企业的运作特征，本书将创新企业与外部知识的互动学习归结为以下四个维度：与知识生产机构的互动学习、与知识中介机构的互动学习、生产合作界面的互动学习、市场营销界面的互动学习（图 2.18）。

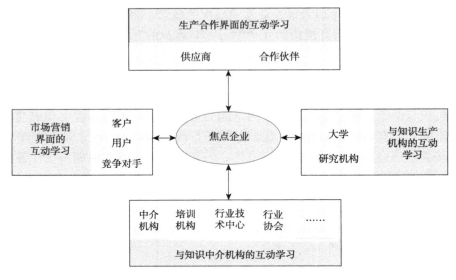

图 2.18　中小企业的互动学习界面

2.2.3.1　与知识生产机构的互动学习

大学、研究机构等知识生产机构对企业的创新起重要作用。与企业有着非业务联系的合作伙伴比处于日常业务圈的合作伙伴更能促进企业的创新（Kaufmann and Tödtling，2001），特别是那些跨越边界的科学界合作伙伴。它们在加强企业对异质性知识的认知与获取的同时，还能激发企业引入更高层次的创新。这一观点也通过对欧洲创新系统的研究统计得到了支持。Kaufmann 和 Tödtling（2001）的这一研究结果说明，来自科学界的合作伙伴对企业引入市场新产品来说显得更重要。陈正和赵伟民（2016）对德国 ARENA2036 计划（ARENA 是 Active Research Environment for the Next Generation of Automobiles 的缩写，意为"为新一代汽车构建积极的研究环境"。2036 指汽车工业 150 周年时的 2036 年。这是德国汽车制造业的战略性计划，于 2013 年 7 月启动。德国联邦教研部提供为期 15 年，每年最多 200 万欧元的经费支持。）的研究发现，企业与大学、科研机构间的协同创新将承载德国汽车制造业的未来。蔡翔和赵娟（2019）对大学—企业—政府协同创新效率的研究发现，大学与企业间的协同结果表现为大学—企业联合申请的发明专利和大学—企业协同创新活动，其中的驱动力量是研发人力和物资投入，而研发人力资本驱动作用远大于研发物资的作用。

Fritsch 和 Schwirten（1999）对德国三个州的区域创新系统中企业与大学和研究机构间的合作进行了实证研究，考察了以下互动合作方式：非正式联系、正式交流、针对企业开展研究、与企业开展联合研究、为企业提供检测、为企业提供设备服务、咨询服务、培训服务、企业借调人员到研究机构、研究机构借调人员到企业。Meeus 等（2001a）对企业与大学和研究机构的互动学习层次研究则从两个方面进行考察：询问企业是否积极从这些外部参与者获取信息、询问通过带来创意或积极参与而对创新流程做出贡献的外部机构参与的频繁程度。Rondé 和 Hussler（2005）在对法国制造业企业的研究中认为，制造业企业与公共研究机构的联系可以体现在两方面：企业与公共研究机构结成研发伙伴关系进行创新活动和企业从研究机构招聘具有很强能力的员工进行创新活动。Inzelt（2004）认为，大学和企业间的互动在个体之间、个体与组织之间、组织与组织之间三个层面展开，每个层面的具体活动类型详见表 2.1。在此基础上，本书将企业与大学的互动学习类型总结成六个方面并以此作为测度依据：与大学进行研发合作（包括购买成果、技术转让、技术入股等）、大学为企业提供咨询服务、企业与大学有人员间的非正式联系、大学帮助企业展开人员培训、招聘大学相关专业的毕业生、利用大学的科研设备和监测仪器。

表 2.1　大学和企业之间的互动类型与互动层面

互动类型	互动层面
1. 企业员工在大学就特定问题进行咨询	个体之间
2. 企业员工在大学开办讲座	
3. 大学教职工到企业开办讲座	
4. 大学教职工和企业员工之间的非正式讨论（专业会议、研讨会）	
5. 购买大学研究成果	个体与组织之间
6. 聘请大学研究人员为企业的正式顾问	
7. 大学研究人员指导企业员工	
8. 大学教授为企业员工开展培训	
9. 大学教授与企业员工联合发表研究成果	
10. 大学和企业联合培养硕博士人才	
11. 大学教授和企业员工建立良好的公共关系	
12. 在相关组织的帮助下共同开发特定设备	组织与组织之间
13. 为大学设备投资	
14. 经常获得大学研究成果	
15. 正式的研发合作如合同研究	
16. 正式的研发合作如联合研究项目	
17. 由大学向企业的永久的或暂时的知识流动	
18. 通过新企业的产生促进知识的流动	

资料来源：Inzelt（2004）

2.2.3.2　与知识中介机构的互动学习

知识中介机构是连接创新企业和外部参与者的界面单元,它们促进技术合作、信息与技术转移。它们不仅是重要的创新知识源,同时还是企业进入各种异质性社会网络的桥梁。创新企业与外部中介机构的互动,能促进企业对外部知识与能力的认知与利用,进而增强企业对外部能力的监控。如技术中心连接着外部世界的产业和大学,为双方提供信息服务。对企业而言,这样的知识中介既包括咨询机构、培训机构、服务供应商、行业协会、商会等机构,也包括专业会议、科学和技术出版物、商业出版物、专利数据库、网络等创新资源,还包括像技术标准、卫生标准与规制、环境标准与规制等专业资源。创新企业在这些知识中介中寻求创新概念、构建流程、识别并学习先进技术与市场信息,并获取财务、法律和保险等服务。

Diez（2000）在对巴塞罗那产业带的研究中,则强调了员工培训、获取技术许可、参加交易会和展览会对获取信息的重要性。Koschatzky 等（2001）对斯洛文尼亚的创新调查研究认为,相关的服务和信息获取相当重要,包括职业培训、寻找合作伙伴的经纪人、融资和相关的支持计划信息、组织经验的交流、技术发展的状况和许可方面的信息。Zhang 和 Li（2010）识别了技术性服务企业、会计与金融服务企业、法律服务企业和猎头公司等服务中介四分类。龙静等（2012）认为,政府支持行为通过促进企业与服务性中介机构的互动影响创新绩效。薛捷（2017）结合国内状况,将科技服务机构分为七类:培训机构、咨询机构、行业协会和商会、当地的行业技术中心、当地的生产力促进中心、融资机构和技术交易机构。鉴于我国政府部门对当地经济的高度关注和参与,本书在采纳知识服务中介七分类基础上,将政府部门也作为知识中介考虑。创新企业在与这些公共机构的互动过程中,除得到相关信息支持外,还会得到公共机构在其他非金融方面的支持,如企业得到公共服务机构在处理技术壁垒或障碍方面的服务,包括商业咨询服务、帮助 ISO（International Organization for Standardization,国际标准化组织）认证、得到政府机构奖励津贴和政府机构的研发基金资助等。

2.2.3.3　生产合作界面的互动学习

在生产合作界面,创新企业与设备、原材料、配件、软件供应商,以及行业中的非竞争对手、商业服务供应商、集团公司的其他公司之间展开互动学习。供应商是企业获取互补性知识与技巧的关键外部源,供应商的创新能力有效促进了企业创新能力的提升（陈金亮等,2017）,整合供应商开展技术创新具有低风险和快速成功的优势（李勃等,2018）,能否成功整合的关键在于企业之间的共同认知（李敏等,2017）。

供应商为创新企业带来材料、配件、系统的新技术；与其他企业共享供应商，则可为创新企业带来互补性技能的同时解决界面问题，发挥来自产品设计、最佳实践与经验的杠杆效应。产品制造商在技术知识和能力方面与原材料供应商、零配件供应商的互补性结合，可以进一步引发企业在创新早期阶段对多类创新思想进行评估，大大缩短了新产品开发时间和新产品交付周期；互动合作带来的技术和信息共享，有助于筛选出更为合适的方案，降低设计失误的可能性从而减少开发成本并提高产品质量；供应商的参与有助于提高创新企业的市场适应能力，从而降低风险。日本汽车制造企业能在新产品开发方面战胜西方竞争对手的主要原因之一，在于日本制造企业与供应商有着更密切的接触，它们对供应商的专业技术的使用比西方同行要更加广泛（Nonaka and Nishiguchi, 2001）。有时，供应商也可以是终端产品的重要创新驱动者，如动态随机存取存储器就是经典的例子。

创新企业对于供应商与销售商关系的价值，可区分为直接功能价值和间接功能价值。直接功能价值是特定关系为企业创造的价值，包括利润、生产能力和安全性；间接功能为企业创造的价值可以是将来的关系或与其他关系的联结，包括创新、市场进入、搜索功能等。创新企业与设备供应商、软件供应商的互动学习能为创新企业带来非专业领域的最新资讯并提供采购依据。创新企业与行业中的非竞争对手、商业服务供应商、集团公司的其他公司之间的互动，则可以为创新企业带来运作流程、新产品技术以及市场方面的新的信息与咨询建议，有利于创新企业做出有根据的改进决策并快速生产出有吸引力的、竞争力的差异化产品。不利的一面在于，与供应商的密切互动可能会使得创新企业的大量信息掌握在供应商手中，而它们有可能将这些信息泄露给创新企业的竞争对手。

Rondé 和 Hussler（2005）在对法国制造业创新行为的特征进行分析时采用法国经济部工业研究和统计处（SESSI）的问卷，其中企业与供应商的合作包括快速采用技术上有改进的新设备、快速采用在技术上有改进的新的物料供应、转包或购买研发成果、转包高技术的元器件、吸收体现在创新设备和元器件中的知识能力。薛捷（2017）在此基础上增加了与供应商建立良好的非正式关系指标。Meeus等（2001a）在测度与供应商的互动学习层次时使用了供应商为企业带来创意或通过积极参与而对创新过程有所贡献的频率、供应商与企业的接触频率、企业向供应商转移知识的频率三指标。结合以上分析，本书将企业在生产合作界面的互动学习对象归结为设备供应商、原材料供应商、零配件供应商、软件供应商、行业内非竞争对手、商业服务供应商和企业集团内的其他公司七个类别。

2.2.3.4 市场营销界面的互动学习

企业在市场营销界面可以与客户、用户、竞争对手展开互动学习。大量证据表明创新企业成功与失败之间的明显界线在于"对用户需求的理解"。作为客户的渠道商，在感知需求的变化与收集竞争对手信息方面具有优势；采购商在定义新的需求、解决市场认同和实施方面的问题以及产品的参照功能方面具有优势（Ritter and Gemunden，2003）。用户与生产商之间在创新本质上存在的共同利益需要它们之间展开互动与学习（Lundvall and Lorenz，2012）。用户参与创新的社会性价值和用户–企业共享的独异功能性价值能有效提升企业的创新能力（张军等，2018）。从生产商的角度看，首先，用户内部的过程创新可能对生产商适用或代表着一种潜在竞争威胁；其次，用户层次的产品创新可能意味着对工艺设施的新需求；最后，生产商为评价用户采用新产品的能力需要监测用户的能力与学习潜力。从用户的角度看，他们需要了解新产品信息，包括特定的用户需求与新使用价值特征之间的关系。当用户需求发生变化时（如遇到瓶颈或技术机会），可能迫使用户邀请生产商参与对问题的分析。针对这种状况，只有在用户对不同生产商的能力和声誉有具体了解的背景下才能成功。所以说，对创新企业而言，用户也是重要的隐性知识源，特别是在产品的使用与设计方面，用户可能对企业内部专家的知识产生补充作用。个体顾客常常通过专注特定特征而具有改进未来产品设计的专业知识或能指出设计缺陷。有时，顾客会在第一时间察觉应用新技术的潜力。有远见的顾客常常能预见到新技术的潜力并可能开始初步的开发活动。用户中的领先用户群体则具有提出创意、概念化并进行开发的能力。他们往往对特定趋势下的未来产品具有更现实的体验（Payne et al.，2008），因而能比大宗市场更早感知到特定的需求，且对满足自己需求的解决方案具有更高的期望。领先用户能为用户的新产品需求提供早期见解，而市场上其他参与者要几个月或几年后才会碰到（von Hippel，2005）。当用户与创新企业存在较强的协作关系时，用户可能与创新企业共享他们对未来服务期望方面的知识（Vargo and Lusch，2004）。对生产商而言，用户对产品缺陷的解决方案与信号是产品的可得性和改进机会信息，也是生产商创新努力的方向。市场研究人员早就发现，创新获得商业成功的可能性与开发商对顾客需求的理解高度相关。如果新技术供应商没有正确理解顾客需求，他们开发的新产品也不大可能成功。警觉并能感知机会的企业往往能在新产品与服务中发挥顾客导向这一杠杆作用，因为顾客本身无法将最初的原型设计考虑得更长远。在一些行业如运动鞋、极限运动设施、外科设备和视频游戏行业，用户扮演着产品创新、服务创新或未来发展创意来源的角色。在这些行业，用户作为产品、服务和价值的共同生产者更积极地参与到了企业的创新流程中。创新企业通过提供协同创新平台，促使用户自主地进行试验和创新，如召集用户社团或提供创新工具箱（von Hippel，2005），互联网的广泛应用极大地提升了用户参与创新的机会。

　　与竞争对手合作，主要表现在共同的基础研究、建立标准、获取津贴方面（Ritter

and Gemünden，2003）。同时，对创新企业而言，竞争性信息可以触发创新性思想，如参加商品交易会，除有利于企业了解市场行情，捕捉市场动态，积极把握市场机遇之外，还能使企业开阔思路，触发企业将市场竞争性产品和非竞争性产品创意与企业能力结合，催生出符合市场趋势的新产品。Rond 和 Hussler（2005）在对法国制造业创新行为特征分析时认为，与竞争对手的联系可通过以下 11 个方面进行衡量：分析竞争产品，分析竞争对手的专利，分析竞争对手工程师的出版物，比较并且评估竞争对手的整体知识产出，了解竞争对手的技术，技术调查，外部技术的测试，与其他企业的研发联盟，利用外部创新（专利、授权），为了创新进行的部分或整体的企业收购与联合，不同的战略联盟和合作形式。薛捷（2017）在结合前人量表后将企业与竞争对手的联系从整体上归结为七个方面：分析竞争对手的产品来改进自己的产品，分析竞争对手所采用的技术，分析竞争对手的专利情况，与本地区的相关企业展开合作，聘用竞争对手的离职员工来获取技术知识，与其他企业员工的非正式交流，通过购买专利和技术许可等形式获取新技术。Meeus 等（2001a）则从三个方面测度创新企业与用户的互动学习：用户带给企业创意或积极参与而对创新过程有所贡献的频率、企业与用户的接触频率以及企业向用户提供信息与知识的频率。结合以上分析，我们将创新企业在市场营销界面的互动学习归结为以下方面：企业参加不同层级展览会的频次；企业对终端用户进行调查的地域范围；企业对竞争对手的技术、产品与行为进行分析的频次；是否与领先用户进行互动；是否聘用竞争对手的离职员工来获取技术知识。

2.2.4　小结

组织学习理论告诉我们，组织知识不是组织成员个体知识的简单总和。组织学习是一个将个体学习转化成组织学习的过程，也是组织逐步实现知识的积累与发展的一个知识与信息获取、创造与存储的过程。知识通过互动进行传播，而企业的竞争优势来自对各种不同的专业知识的整合。因此，与来自不同渠道的外部专业机构的互动学习效能成为组织学习的研究方向。

从组织创造理论可以看到，个体的认知是组织知识创造的起点。知识是由特定情景下的行为创造出来的。知识的创造过程涉及特定时间、空间和关系的互动，人们分享、创造及运用知识的动态的共有情境，是知识创造的特有空间。创出场、对话场、系统场和实践场，促进了特定阶段的知识转化。场是相互连接的，企业可以通过让其成员参与不同的场的方式，超越组织边界来扩展企业的互动学习边界，创造出新颖的知识。也就是说，组织的知识创造，有赖于组织内部的互动学习和与外部组织的互动学习，这一结论与前一节创新模型的主要观点相一致。

互动学习的要旨在于通过关注知识流与学习的外部联系展开学习，隐含着企业通过多重关系维持广泛的创新兴趣从而保持开放选择能力的重要性（Manley，2003）。企业与外部组织的互动学习，可根据知识流的性质划分为与知识创造机构的互动学习、与知识中介机构的互动学习、与生产合作企业的互动学习，以及在市场营销界面的互动学习。

2.3　企业创新能力理论述评

互动创新既是一个学习和激发灵感的过程，也是一个适应与能力构建的过程。企业在与外部环境的联系过程中，通过互动和交换获得信息、资源与技能，改善和提高自己的知识层次；同时，企业内部也存在信息、资源和技能的交换，完成对知识的探索、吸收、转化和利用的全过程，使自己的创新能力得到进一步提升。

2.3.1　企业创新能力概念内涵

创新能力是不断地将知识和创意转化成有利于企业和股东的新产品、流程和系统的能力（Lawson and Samson，2001）。创新能力的力量在于其具有将新创意转换成商业与社团价值的组织潜力（Terziovski，2010），是产生与探索全新创意、实施创新解决方案并将其开发成为创新产品并投入市场的内部驱动能量。

组织创新理论主要有组织设计理论、组织认知与学习理论、组织变革与适应理论三大流派。组织设计理论主要关注组织的结构形式与组织创新倾向的关系。组织认知与学习理论关注微观层面的过程——组织如何开发解决问题的新想法，认为组织创新与学习和组织的知识创造过程有关，研究组织何以拥有相当的能力去创造和利用创新活动所必需的新知识。第三个流派关注组织变革与适应性以及新的组织形式的诞生过程，关心组织面对剧烈的环境变化与技术变革时能否突破传统惯性进行调适。有鉴于此，许多学者根据自己对创新的理解，对创新能力给出了不同的定义（表 2.2）。

表 2.2　不同学者对创新能力的定义

Bums 和 Stalker（1961）	组织成功采纳或实施新思想、新工艺以及新产品的能力
Lawson 和 Samson（2001）	不断地将知识和创意转化成利于企业和股东的新产品、流程和系统的能力，为有效创新提供了潜力
Amidon（2003）	产生新创意的能力、利用好的思想与创意的能力、指导成为市场导向的产品或服务的能力、产生利润的能力
Masson 等（2010）	在集体对价值的再创造中产生并创造知识的能力

续表

Lawson 和 Samson（2001）	将知识与创意持续转换成新产品、流程与获利系统的能力
Assink（2006）	产生与探索全新创意、实施创新解决方案并将其开发成创新产品投入市场的内部驱动能量
Lichtenthaler U 和 Lichtenthaler E （2009）	已经探索到的保留着内外部知识的应用
Börjesson 和 Elmquist（2011）	与特定战略意图相联系的组织能力，包括资源、流程与心智三方面。创新能力是企业具有创新性的前提
许庆瑞（2012）	根据市场潜在需求，不断整合企业内外部知识与技能，以实现创造力的市场价值的能力
Sulistiyani 和 Harwiki（2016）	产出创新性产品、改善生产技术与改进质量的能力
Chanwoo 等（2017）	企业利用其核心技术与技术基础设施促进面向未来的创新活动的能力，是企业基于内外部能力扩展现有产品或开发新产品的能力

资料来源：作者根据资料整理

　　本书在综合前人研究基础上，将创新定义为：通过寻找、捕捉隐藏在不同活动中的知识和资源，将其转变成为可以利用的知识，通过产品创新、工艺创新和商业模式创新等形式表现出来的一个过程。而创新能力就是在创新过程中所需要用到的能力。由于不同结构形式的组织存在不同的学习和知识创造模式，因而产生了不同类型的创新能力。同时，组织边界及其学习的社会环境也会影响到组织的知识视野，进而影响到组织应对环境变化的能力、影响和塑造环境的能力。

　　Sabina 等（2011）将创新能力分成三个层面：个体层面、组织层面和社会层面（图 2.19）。在个体层面，创新能力描述了个体对新事物的好奇以及他开发新事物的能力与质量，具体表现在知识、技能与能力方面；组织层面的创新能力主要表现在企业对非正式流程的识别与塑造以及对不明确无计划事务的识别；社会层面表现为互动，具体表现为基于内容与关系的沟通以及对沟通的支持。

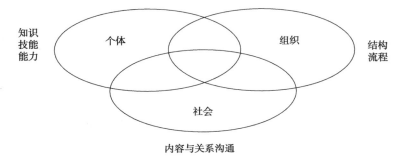

图 2.19　影响创新能力的三个层面
资料来源：Sabina 等（2011）

Lichtenthaler U 和 Lichtenthaler E（2009）从企业对内外部知识的探索与利用

的角度识别了创新过程中企业的六大知识能力：发明能力、吸收能力、转化能力、联结能力、创新能力和解析能力（表2.3）。

表2.3　企业的六大知识能力及其功能

发明能力 （内部探索）	吸收能力 （外部探索）	转化能力 （内部保留）	联结能力 （外部保留）	创新能力 （内部利用）	解析能力 （外部利用）
产生 与整合	获取 与消化吸收	维护 与激活	维护 与激活	转换 与商业化	识别 与转移

资料来源：Lichtenthaler U 和 Lichtenthaler E（2009）

发明能力：从本质上探索知识以产生新知识的能力，包括始于特定机会的感知和企业进行知识探索的过程。新知识的产生常常是对感知到的知识需求的反应。发明能力促进新知识的产生与整合，受到企业在特定领域内先验知识层次的影响。

吸收能力：企业探索外部知识的能力。Cohen 和 Levinthal（1990）将吸收能力定义为识别、消化吸收并应用外部知识的能力，Zahra 和 George（2002）区分了潜在吸收能力和现实吸收能力。这里的吸收能力聚焦于知识的获取，如潜在吸收能力和探索性学习，包含获取外部知识和消化吸收这一阶段将知识嵌入到企业知识基础的过程。

转化能力：企业维护企业内知识基础并激活这一知识的能力。知识的保留需要基于资源配置进行积极管理以保持知识的鲜活度。一旦识别到商业机会，知识必须得到重新激活并与其他知识产生协同。

联结能力：企业保留组织边界外知识的能力，也可以说是企业在没有获取的状态下进入外部知识的特权，包括结盟能力和关系能力。社会学中，联结能力指与其他要素建立联系的能力，以及这些联结促进知识获取的能力。

创新能力：企业对已经探索到的保留着的内外部知识的应用，也可以说是企业内部利用知识的能力。企业可能会因少量的新知识而产生大量创新，也可能存在庞大的知识基础而缺少利用能力。先验知识决定了商业化机会能否得到发现以及在哪个领域被发现（Shane，2000）。

解析能力：企业利用外部知识的能力，与企业在自己产品中应用内部知识相补充。解析能力包括识别外部知识机会与随后的知识转移过程。

将 Lichtenthaler U 和 Lichtenthaler E（2009）的六大知识能力和本书对创新能力、吸收能力、互动学习所界定的概念相比照，可以发现：本书中的企业创新能力概念包括知识的生产与整合、知识的转换与商业化，相当于 Lichtenthaler U 和 Lichtenthaler E（2009）的发明能力和创新能力的集合；本书中采用的吸收能力概念包括获取与消化吸收外部知识，以及对组织知识基础的维护与激发，相当于 Lichtenthaler U 和 Lichtenthaler E（2009）提出的吸收能力和转化能力的集合；

本书中的互动学习，包括对外部知识的识别、转移以及外部知识的维护与激活四个方面，相当于 Lichtenthaler U 和 Lichtenthaler E（2009）的解析能力和联结能力的集合。

Chanwoo 等（2017）提出了研发创新能力概念，并开发了一个评价框架以识别基于研发的创新所需要的关键能力。他们认为，创新与新技术的开发及商业化紧密相关。创新能力是基于企业内外部能力扩展现有产品或开发新产品的能力，而研发能力是其中最重要的无形资产。研发创新能力关注触发创新的研发能力，促使企业探索与开发新颖创意，基于研发来发觉与利用市场机会。Chanwoo 等（2017）的研发创新能力评价框架从时间维度和目标评价维度展开（图 2.20）。时间维度由现在和未来两要素构成，认为企业的能力关注点应该有现在与未来两方面。目标评价维度考虑研发能力和总体能力，尽管研发能力很重要，但框架同时强调了支持组织研发活动的总体能力。

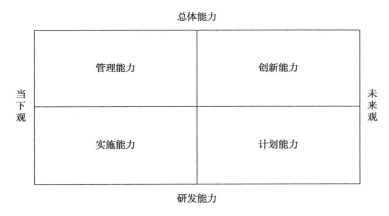

图 2.20　研发创新能力评价框架

资料来源：Chanwoo 等（2017）

框架中的管理能力指企业利用其基础设施与基本管理资源的能力，这是当前支持研发活动的总体能力。创新能力指企业利用其核心技术与技术基础设施促进面向未来的创新活动的能力。计划能力指企业通过系统性地收集与分析研发计划所需要使用的信息和分析内外部环境以识别商业机会的能力。实施能力指通过研发活动与对这些活动的适当支持进行技术开发与商业化的能力。通过此框架，企业可以将所发觉有前途的商业机会落实到研发计划中，通过研发流程管理使研发效能最大化，最终市场潜力高的研发成果将成功实现商业化。

2.3.2　企业创新能力构成要素

学界对创新能力的研究，绝大部分只关注技术创新能力，如 Burgelman 和 Sayles（2004）的技术创新能力研究和 Chiesa 等（1996）的技术创新过程稽核模型。Burgelman 和 Sayles（2004）认为技术创新能力包括企业可利用的资源及其配置、公司对技术环境的理解、战略管理能力、组织结构和文化环境、对竞争对手的创新战略和多产业演化的理解能力。Chiesa 等（1996）的技术创新过程稽核模型分为四大核心流程和三大促进流程。四大核心流程指概念产生、产品开发、流程创新和技术获取；三大促进流程指人力资源与财务资源的部署、适当的系统与工具的有效使用、高层次领导与方向。从概念内涵的角度看，企业创新除包含技术创新外，还包含管理创新与商业模式创新等内容；从动态的角度看，组织创新与技术创新是交织在一起的（法格博格等，2009）。组织引进新的技术，有可能会带来相应的管理实践变革，并催生新的组织形式。从创新流程的角度看，技术创新流程与企业其他创新流程又极其相似。因此不少文献中存在技术创新能力与企业的整体创新能力混杂在一起探讨的现象。

Adams 等（2006）在综合前人创新能力研究的基础上，开发了一个创新管理过程模型框架，并在此基础上探讨了各要素测度中存在的问题（表 2.4）。该模型包括六个方面的内容：输入管理、知识管理、创新战略、组织文化与结构、项目管理与组合管理、商业化。

表 2.4　创新管理过程模型及其早期的创新能力框架比较

评价内容	Cooper 和 Kleinschmidt（1995）	Chiesa 等（1996）	Cormican 和 O'Sullivan（2004）	Goffin 和 Pfeiffer（2003）	Burgelman 和 Sayles（2004）	Verhaeghe 和 Kfir（2002）
输入管理				创造力与人力资源	资源可获得性	创意产生、技术获取、网络
知识管理		资源供应			理解相关的技术发展与竞争战略	
创新战略	新产品战略	领导力	战略与领导力	创新战略	战略管理	
组织文化与结构	组织文化、管理承诺				组织结构与文化背景	
项目管理与组合管理	新产品流程	系统与工具	计划与选择、沟通与协作、结构与效能	组合管理、项目管理		开发
商业化						商业化

资料来源：Adams 等（2006）

Lawson 和 Samson（2001）的创新整合模型（图 2.21）认为，企业的主流业务受到创新能力推动，创新能力将主流业务的效能与新业务的创造性结合在一起。创新能力促进可转换成主流业务的新业务起到像搜索漏斗、潜在创新的定位与开发的作用。他们识别的企业创新能力维度包括：战略与愿景、驾驭能力基础、信息与组织职能的杠杆作用、以市场与客户为导向、创造力与创意管理、组织结构与系统、文化与环境、技术管理。

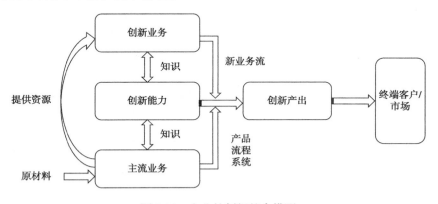

图 2.21　企业的创新整合模型

资料来源：Lawson 和 Samson（2001）

O'Connor（2006）与她的研究小组认为，创新能力依赖于管理系统中的多要素互动。这些要素是：一个可识别的组织结构、界面机制、探索性流程、必要的技能、治理与决策机制、适当的效能尺度以及一个适当的文化与领导背景。同时指出企业战略意图和系统要素间的一致性需要。Börjesson 和 Elmquist（2011）在 Lawson 和 Samson（2001）、O'Connor（2006）的基础上，识别了创新能力七要素：战略、知识基础、探索、组织结构、技术开发、管理系统、价值观（规范）。具体如表 2.5 所示。

表 2.5　企业创新能力框架比较

创新能力架构	Lawson 和 Samson（2001）	O'Connor（2006）
战略	战略与愿景	
知识基础	能力基础治理、组织治理	必要技能
探索	创造力与创意管理	探索流程
组织结构	组织结构与系统	可识别的组织结构、界面机制
技术开发	技术管理	
管理系统		智力与决策机制、合适的效能测度
价值观（规范）	文化与氛围	合适的文化与领导背景

资料来源：Börjesson 和 Elmquist（2011）

Hauge 等（2017）从产业转型升级的视角研究了企业的跨行业创新能力，并在 Lawson 和 Samson（2001）创新能力概念要素架构基础上，构建了企业的跨行业创新能力框架指标（表 2.6）。他们将企业的跨行业创新能力定义为：企业将来将其他行业的知识与创意转换为新产品、流程与系统的能力，以及调适现行的产品、流程与系统进入新行业的能力。Hauge 等（2017）认为，具有不同的知识基础的企业具有更高的创新效能。因此，企业要具有竞争优势，不仅要利用企业现有的能力，还应通过跨行业获取有价值的知识去更新与开发新的能力。企业拥有了跨行业创新能力，就能在行业内推陈出新，或同时为不同行业服务。特别是在所依赖的行业不景气时，可依赖跨行业创新能力拓展新行业业务。

表 2.6　跨行业创新能力框架指标

企业创新能力架构	企业的跨行业创新能力
战略与愿景	在制度上将跨行业创新作为企业战略的一部分
能力基础治理	有效的资源管理组合不同类型的能力，如跨行业资源与知识、不同的知识基础以及聘请具有不同专业背景的员工
组织智力	向不同行业和不同创新模式学习
创造力与创意管理	鼓励发散性的跨边界思考
组织结构与系统	有机的组织结构，消除不同部门与产品团队间障碍
文化与氛围	开放与容忍的文化
技术管理	相关的技术管理和跨行业活动经验

资料来源：Hauge 等（2017）

总体而言，企业创新能力构成要素研究多建立在理论框架基础之上。尽管理论来自实践，但在实践中这些系统性的框架显得较为复杂，同时，有很多指标缺乏可测度性特征。对大多数企业而言，用这些框架测度其创新能力存在一定困难，对中小企业而言其困难程度更为突出，因此有必要对企业创新能力要素展开更为深入的研究。

2.3.3　创造力与创新能力关系

企业创造力与创新能力往往被混为一谈，因而有必要厘清两者的关系。创新流程始于源自相关问题的创意的产生，在创意得到成功实施时结束。创造力是创意产生的源泉。创意的产生具有很大程度的不确定性，在创新理论中将其称为模糊前端。创造力是产生创意的前提。因此，具有创新能力的企业首先应该是能有效识别创意的企业，能胜任模糊前端的创造力和创意管理。学术界对创造力的研究主要体现在三大领域：个体创造力研究主要集中在心理学，对创新机会的识别主要体现在创新管理领域的模糊前端研究，而创新机会管理则主要嵌入在创业研究中。

2.3.3.1　个体创造力理论

对人类创造力的研究是心理学界的一大主题。斯滕博格（2005）认为，创造力来源于意识在现实与无意识驱动力之间的张力。心理动力学研究引入了适应性回归和刻意调整概念来研究创造力。适应性回归是一个初级过程，指未经调整的想法闯入意识。未经调整的想法可以出现在活跃的问题解决过程中，但更常出现在睡眠、迷醉、幻想、白日梦、精神失常等状态。刻意调整是一个次级过程，指通过以现实为导向的、经自我控制的思维对初级过程进行再加工和转换。其他理论家如库碧强调前意识，即介于意识的现实与神秘的无意识之间的一种状态，是创造力的真正源泉，因为思想是松散的、模糊的，但却是可解释的（斯滕博格，2005）。

创造力认知研究旨在了解支撑创造性思维的心理表征和过程。创造力生成性认知风格将创造力要素归结为三方面：想象力、与专业相关的感觉、内省智力。想象力产生新颖性；与专业相关的感觉会产生高质量；而内省智力则检查在构建新奇而适当的表征过程中的错觉或情绪干扰。芬克和他的同事根据创造性思维中的两个主要过程，提出了生成探索模型，认为在创造性思维中存在生成阶段和探索阶段两个主要的加工过程（斯滕博格，2005）。在个体生成阶段构建其心理表征，属于前发明结构，这些心理表征具有促进创造性发现的特征，这些特征在探索阶段被用于创造性想法的产生，其间会产生一系列的心理过程，包括提取、联想、综合、转换、类比迁移和范畴还原等。

创造性的顿悟和创意可能像问题一样，始于某种直觉。直觉是对连贯性（形式、意义、结构）的一种初步知觉，在开始的时候不是有意识的，然而却引导着思想和探索指向有关问题一致性本质的直感或假设。人们可以察觉到相关的信息，具有正确的知晓感，有时甚至可以从某些局部信息直接找到解决方案和顿悟。创造性个体对主观的理解、潜意识、前意识、内部线索以及前语言的信息十分敏感，这可能与直觉、知晓感和顿悟的跳跃有关。创造性个体好像与广泛的注意容量有关，而且注意容量的大小会受唤醒水平的影响。其中存在的个体差异即注意广度。广泛的思维广度似乎可以引发发散性思维，继而便是独创性思维的产生。认知产生过程的常见例子是：从记忆中提取已有结构—对这些结构进行简单联合或组合—新结构在头脑中的综合—在头脑中将已有的结构转变成新形式—把一个领域的知识类比迁移到另一个领域，然后又缩小范畴。在这个过程中已有的结构从概念上被还原为更基本的要素。另外，格式塔学派的心理学家研究了顿悟，认为顿悟依赖于被试把常规的认知过程应用于记忆中已经存在的知识。

创造力的系统观（斯滕博格，2005）则研究了个体与环境的相互作用关系，认为创造力是个体的内部动机、与专业领域相关的知识和能力以及与创造力相关的技能这三者的汇合，是一个只有在个体、专业和领域的横截面上才能被观察到的过程。Csikszentmihalyi 突出强调了个体、专业和领域的交互作用，认为个体从某个专业获得信息，通过认知过程、人格特征和动机把这些信息加以转换或扩展；领域是由控制或影响一个专业的一群人组成的；从文化角度看，专业是一个符号系统，承担着把创造性产品保存并传递给其他个体和后代的责任（图 2.22）。Gardner 的个案研究表明，创造性项目的发展可能依赖于一个系统（如一个领域内各竞争性评价之间的张力）或在个体、专业和领域之间适度的同步状态（如某个专业上个别不同寻常的才能）中的一个特殊人物。

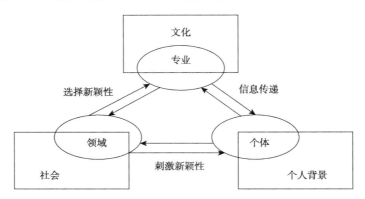

图 2.22　创造性个体、领域与专业间的关系
资料来源：斯滕博格（2005）

2.3.3.2　创意与创造力管理

牛津词典对创意的解释：是由于一种可能的行为过程而产生的想法或建议，是一种精神的印象或信仰。尽管创造力被认为是个体的内在特征，但将创造力作为社会化流程进行管理的概念越来越引人注目。阿恩（2006）认为，灵感和动力激发、鼓舞我们创造出大量创意，是诞生创意必不可少的两个因素。随着生活经验的增长，大脑创造了一个将我们的观察和已经存在的知识进行联系的模式，而预感、经验和直觉就是大脑努力想要实现的愿望。创造力联想理论认为，新颖的想法是远距离的，远距离的想法处于联想链的末端。在解决问题或进行发散性思维时，最初产生的是显而易见的想法，当这些肤浅的想法耗尽时，更加遥远的想法才会被发现，而发现更遥远的想法与联想需要广泛的注意力。大量实证研究都证实，广泛的注意力与大量想法的产生和发散性联想之间存在

相关性。如果将多元化与张力聚焦于集体行动，就会产生新创意与解决方案，创新概念也能因此而得到衍生。实践中，美国通用动力公司 APEX 部门的超级概念车设计部门，就经常参加电脑游戏和玩具展览会以及时装秀活动，以寻找启发灵感的源泉。

学术与医学研究发现，创新倾向并非源于基因，是可开发的。Reznikoff 等（1973）对同卵双胞胎的六个研究结果表明，约 25%~40%的创新行为源于遗传。这意味着人们 2/3 的创新技能来自学习（Dyer et al.，2011）。Dyer 等（2011）从5000 位执行官中挑出 500 位创新者展开研究，从中识别出成功创新者的五项发现技能：联想、质疑、观察、网络联系和实验。首要的一项是人的联想技能。当大脑试图综合并搞清楚新颖输入时，联想发生了，通过对看起来不相关的问题和想法的联系发现新的方向。而创新突破往往发生在不同学科与领域的交叉点，Frans Johanssen 将这一现象称为"美第奇"效应（Dyer et al.，2011）。文艺复兴时期美第奇家族将大量不同学科的创造者（雕塑家、科学家、诗人、哲学家、画家、建筑师等）集中到一起而带来了佛罗伦萨的创造性爆发。这些不同学科的创造者之间展开联系和交流，促进了他们在相关领域的交叉点创造出新的思想，因而带来了历史上最具创造性的时期——文艺复兴时期。另外四种发现技能可通过帮助创新者增加产生创新思维的思想存量来引发联想。也就是说，创新者比普通人更频繁地使用这四种行为技能。①质疑。创新者对质询具有激情，他们是完美的提问者。他们的质疑会引起新的见解、联系、可能性和方向。②观察。创新者是热心的观察家。他们观察周围的世界，包括顾客、产品、服务、技术和企业，观察帮助他们获得见解和对新的做事方式的想法。③网络联系。创新者花费大量时间与精力，通过具有不同背景与观点的多元化网络来发现与测试新思想。他们通过与具有不同观点的对象展开积极讨论来发现新思想。④实验。创新者不断地开展新实验和新思想实践。实验者通过实践不断知性地探索世界，坚守信念并测试假设。他们访问新的场所、尝试新的事物、寻求新的信息并通过实验来学习新事物。

Bethune 早在 1837 年就对"产生新的思维联结"的能力产生了兴趣，并认为创造性天才能"为将来的联结存储想法"。威廉姆斯认识到了发散性思维在创意中的重要性，认为创造性思维不是沿着习以为常的建议一个接一个地耐心思考具体事情，而是从一个想法到另一个想法的跃迁，通过最微妙的类比联想，产生不同要素的新颖结合（斯滕博格，2005）。Kanter（1988）指出，理解跨领域的想法与各学科间的交流，对创造性灵感是至关重要的。将从前相互分离的多个概念或领域结合起来，会比仅仅关注其中一个领域产生更有效或更有价值的创新。他认为，知识的交叉滋养可以推动创新，所以要为这样的交叉滋养提供所需的信息流。

Amabile 提出了组织创新模型的四条标准（斯滕博格，2005）：一是要让个体创造力的全过程一体化；二是要考虑个体创造力的所有影响因素；三是要有组织创新状态的大致轮廓；四是要描述组织创造力对个体创造力产生的影响。这四条标准揭示了提升组织创造力的环境特征：相当程度的自由（决定要做什么；如何去做）、良好的项目管理、充足的资源、鼓励合作与共事的氛围、足够的认同、足以产生创造性思维的时间、挑战性的感觉以及完成重要目标的内部压力。

Martins 和 Terblanche（2003）认为，创造力和创新源自共享的愿景与使命，以未来场景为中心。激励员工产生创意能帮助他们聚焦于产品开发项目和创新目标。创新导向的组织策略影响长期创新观的产生（鼓励冒险与产生新创意）和致力于创新倡议与创造性解决问题的短期项目计划。这些受到风险如何管理、创意如何评价、如何处理错误、如何处理变化、沟通支持程度、创意如何识别、奖励系统如何建立等方面的影响。企业的组织结构与流程特征、文化特征决定企业的创新能力。组织文化要素如日常行为、共享的价值观与信仰，影响创造力出现的层次和频率，以及创意的自由流动。个体、团队和部门间的动态开放接触促进员工接受新的观点，是激发创造力和创新的一个特定的组织文化特征；组织的灵活性（如工作流转）和自由度（自治、授权与决策）也因其对创造力与创新的促进作用而受到高度尊重。工作团队和互动群体为创意的动态组合、不同学科知识的可得性、能力的互补，以及创新的工作方式提供了支持条件（Fong，2003）。Alves等（2007）从文献研究识别了通过创造力、创新和新产品开发影响企业竞争优势的六个内部要素：组织战略与资源的可得性、新技术、研发密度、组织文化与沟通、组织结构、员工激励和参与。他们认为，创新性企业利用不同的新产品创意源并激发员工想象力来培育新产品。多学科和多行业环境较好地补充了企业的能力，在创意产生和新产品开发中起重要作用。

Perry-Smith 和 Mannucci（2017）认为，从创意的概念化到创新实现的过程划分成创意产生、创意精炼、创意倡导与创意实施四个阶段，而创造者在不同阶段存在独特的基本需求。在每一个阶段，只有当创造者的关系和网络结构要素与所处阶段匹配时，个体创造者才能成功通过。然而，有利于前一阶段的关系与结构要素对下一阶段来说，却是不利的。因此，个体创造者必须在不同阶段改变其思维框架与陈述。这样，才能在恰当的时间激发不同的网络特征，完成创意从新颖概念到成为能改变领域的有形产出的整个过程。创意各阶段及其基本需求见表 2.7。

表 2.7 创意各阶段及其基本需求

阶段	描述	需求	产出
创意产生	产生许多不同的想法并从中选择一个最具前景的创意的过程	认知柔性	创意核心概念
创意精炼	评价一个新颖创意的潜力与进一步阐述并开发的一个系统化流程	支持	对创意更具体的描述
创意倡导	对新颖创意的积极宣传,以得到对创意推进的支持,以及实施创意所需要的人、财、物、时间与权力等资源支持	合法性与社会影响	开发与落实创意的曙光
创意实施	将创意转化成被传播与采纳的有形产出	理解与愿景共享	具体的蓝图或成型的产品

（1）创意产生阶段的认知柔性需求。创意产生阶段是创造者产生许多不同的想法并从中选择一个被认为是新颖、更具前景和价值的创意的过程。这时的创意仅仅是一个模糊的想法或可在以后被精炼成核心概念的想法。鉴于新颖的想法往往源自遥远概念之间意想不到的联系，因此，创造者的认知柔性显得特别重要。创造者需要具有认知柔性，才具有灵活整合社会环境中的内容、产生不同于现行实践的新颖创意的能力。

（2）创意精炼阶段的支持需求。核心思想产生后，需要通过不连续的核查与改进来精炼创意，使创意从一个模糊的概念发展成一个可以与他人进行沟通的高级形式。许多创造性项目最初看起来都不像好主意，只有在精炼后才能充分展现其潜能。因此会有很多潜在的负面反馈意见。为进一步推动创意，情感上的支持在此时就显得很重要。内在的激励可以让创造者获得相关性与安全感支持。同时，创造者还需要得到结构性反馈与建议来帮助他们识别、改进与扩展创意的路径。收到好意反馈的创造者可能因而感觉到了结构性支持、拓展了思维空间。否则，创造者可能会放弃该创意。

（3）创意倡导阶段的合法性与社会影响需求。创意倡导阶段是对新颖创意的积极宣传，以得到对创意推进的支持。在这一阶段，创意的成功依赖于合法性与影响力。创造者的合法性与声誉关系到其实施创意的能力与效能。影响力是保护创意不受干扰和挑剔的基础，还可以说服相关决策者给予批准并给予创意实施所需的资源。决策者更可能批准与支持那些具有合法性与竞争能力的创意。

（4）创意实施阶段的理解与愿景共享需求。创意的实施可分为生产阶段与影响阶段两个子阶段。在生产阶段，创意从核心概念转化成了具体的产品、服务或流程。在影响阶段，创意得到领域的接受、认可与使用。创意能否被接受与认可在于社会对产品新颖性的判断和能否将其嵌入到广泛的文化之中。因此，理解与愿景共享是这两个子阶段的基本需求。愿景共享是对被感知到有价值的产出的一个共同的理解，在生产子阶段将因而产生更高效的集体生产过程；在影响子阶段，愿景共享能在团队成员间创造一种共同的语言，确保创意得到正确沟通。

2.3.3.3　创新机会的识别与管理

创新机会的识别与管理研究文献主要分布于创新研究中的模糊前端研究和创业研究中的机会识别研究。Thom（1980）的创意识别阶段模型（Brem and Voigt，2009）、Koen 等（2001）的新概念开发模型和 Sandmeier 等（2004）的模糊前端整合模型是模糊前端研究的代表性理论。

Thom（1980）将企业创新流程中的创意识别阶段划分为创意产生、创意接受、创意实现三个子阶段（Brem and Voigt，2009）。在创意产生阶段，创新团队需要先决定搜索领域，在该领域找到新点子并提出建议。在创意接受阶段，创新团队需要测度并评价创意，制订出可实现创意的计划，并做出是否实施的决定。在创意实现阶段，创新团队需要实现创意并将创意推销给对该创意关注的群体，使得他们接受创意。具体见图 2.23。

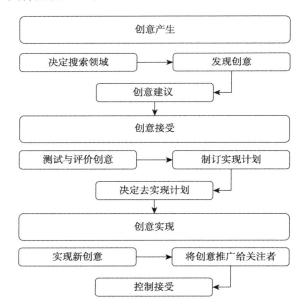

图 2.23　企业创新流程中的创意识别流程标准化阶段
资料来源：Brem 和 Voigt（2009）

Koen 等（2001）的新概念开发模型，为创新的模糊前端活动提供了一个共同的语言。新概念开发模型认为，新概念开发的驱动力量被称为创新引擎，指创新前端环境，代表了高管的支持，受领导和企业文化激发。就像鱼儿离不开水，支持性的氛围是创新模糊前端高效的基础。而新概念开发的关键组成部分包括机会识别、机会分析、创意产生、创意选择与概念开发五个方面。

　　创新前端环境由组织能力、业务战略、外部世界（如渠道、顾客和竞争对手）及能利用到的科学知识组成。整个创新流程需要与业务战略相一致。只有在创新模糊前端的活动与组织能力相一致，产品开发才能获得持续成功。理解科学和技术是创新模糊前端的促进因素，而且也很关键，因为技术进步往往建立在早期成就基础上。这些影响要素不断作用于人们的思想，是新创意突然涌现的主要原因。

　　（1）机会识别。识别组织可能想要追求的机会。机会可能是一个全新的业务方向，或现行产品的微小提升，也可以是一个新的产品平台、一个新的制造流程、一种新的服务或一种新的营销或销售方式。这一要素受到业务目标驱动。只有在明确了技术机会和业务机会后，才能将资源最终配置到具有市场空间或业务效率与效能的新领域。机会识别可以发生在正式的机会识别流程中，也可以发生在非正式的机会识别活动中如临时会议、工作场所的闲聊、网络讨论、个人见解或高管的命令。在很多情况下，机会识别发生于创意产生之前，但也可能是与前期识别的业务或市场需求相联系的未曾想到的概念的一个促进步骤。

　　（2）机会分析。将识别的机会转化成特定商业机会或技术机会所需要的附加信息，并对不确定的前期技术与市场进行评估。这可能需要致力于焦点群体、市场研究或科学实验。所付出的努力依赖于机会的吸引力、未来发展规模、与业务策略和文化的适应性以及决策者的风险承受水平。这一要素中，需要广泛使用竞争信息与趋势分析。

　　（3）创意产生。由机会转化而来的具体创意的产生、发展与成熟，代表了创意的建立、否决、组合、重构、调整、升级的演化过程。创意经过验证、研究、讨论与开发，需要经过多次反复与改变。与用户的直接接触、跨部门团队联系、与其他企业和机构的协作往往能增强这一活动。创意可能产生于企业为所识别的机会激发创意的正式流程中，如头脑风暴、电子银行等。创意也可能产生于非正式流程中，如一个错误的试验、供应商提供了新的原材料、用户异乎寻常的要求等。这一要素的典型结果是对感知到的创意或产品概念进行更加全面的开发与描述。

　　（4）创意选择。在大部分业务中存在许多创意，创意选择的关键在于以实现最大业务价值为目标来选择准备继续开发的创意。选择过程中需要考虑市场与技术风险、投资水平、竞争形式、组织能力、独特优势以及财务回报等因素。

　　（5）概念开发。概念开发涉及基于市场潜力、顾客需求、所需投资、竞争对手评价、未知技术和项目风险的评估。能否最终将创意带入新产品与流程开发阶段，依赖于评估结果。所开发的概念能否生成业务依赖于机会特征、资源层次、组织的新产品与流程开发需求和商业文化变化等方面。

　　Sandmeier 等（2004）的模糊前端整合模型分为三个阶段：技术与市场机会分

析阶段、产品与业务创意阶段、产品与业务计划开发阶段。在技术与市场机会分析阶段，主要通过分析未来需求、识别企业潜力、分析并识别搜索领域对机会进行分析与描述。接下来是问题定义（技术问题与商业问题）和动力分析，同时收集、产生并整合产品与业务创意，并在此基础上精炼创意，进行可行性分析，进而选择创意。在确定了创意以后，就需要确认创意的基本技术功能和商业功能，引出创意所需的基本技术、市场和商业活动，证明技术概念与商业计划（包括解决方案），并在此基础上制定商业概念与业务计划，从而确定项目。Poskela 和 Martinsuo（2009）认为，创新模糊前端的管理控制从输入控制、前端流程正规化、基于成果的奖励、战略愿景、非正式沟通、参与性计划、内在任务动机等方面展开。Verworn（2009）则将成功开发新产品的模糊阶段的关键影响归结为沟通、跨学科创意的产生与选择、降低市场的不确定性、降低技术的不确定性、初始计划强度和特征偏差等方面。团队内部沟通、研发与营销的沟通，是新产品研发的基础保障。跨学科创意的产生与选择，包括跨学科创意的产生、跨学科创意的选择、会议期间的创意选择。为降低市场不确定性，需要较好地理解目标市场和用户需求、市场吸引力与潜力。为降低技术不确定性，有必要定义所需技术、核实技术可行性。初始计划强度指定义具体工作、时间配置、资源配置、进行成本预测。特征偏差指技术概念的变化、计划流程的变化、项目目标变化。

　　创业研究将机会识别划分成三个不同的子流程（Ardichvil et al.，2003）：感知、发现和商业概念的创造，在这过程中伴随着对机会的不断质疑与评价。感知是对未满足的市场需求和未充分配置的资源的识别，这些机会可以被那些具有机警性的个体识别（García-Cabrera and García-Soto，2009）；发现阶段通过分析现行的资源-产品或服务市场的供应状况，调查其效能或市场价值，产生满足市场需求的新的潜在组合；商业概念创造阶段对应于识别满足市场需求的最佳解决方案。在机会识别的每一个阶段都应该有评价。评价可以是正式的或非正式的。非正式的评价包括企业家与他人关于机会是否值得开发的对话。随着创意的开发和对其潜力的期望，更正式的可行性评价就开始了。

　　能取得市场成功的创意需要考虑到企业的战略、使创意的目标受众明显受益、系统化的结构和概念识别。Brem 和 Voigt（2009）认为，可行的商业机会必须考虑到在技术推进和市场拉动间持续联系方面的三个基本要素：技术源、市场需求和相关问题。只有在研究人员的兴趣得到适当考虑、他们的兴趣与公司的专业知识进行组合并用新技术开发不断补充，研究工作才得以有效展开。如果没有后续处理流程，则应该避免逆势追求创意的研究。营销人员必须不断搜索，特别是在客户不满意的领域。而且，不断评价新需求的未来潜力很关键。相关问题是内外部创新源的初始动力。其他源或相关问题源是运作部门的问题以及外部事件创造的新机会。所以，创新管理需要关注三个不同的关键要素（Brem and Voigt，2009）：技术能力驱动——科学家寻求具有商业潜力的科学突破和新技术；市场需求驱动——市场导向的管理人员通过令人激动的可预见的高需求市场来引导研究人员；企业兴趣驱动——高管明确公开的兴趣是必需的。这里的兴趣不只涉及战略问题，也涉及企业运作。也就是说，创新的初始动力（相关问题）由企业兴趣、内部技术能力和市场需求引发（图 2.24）。

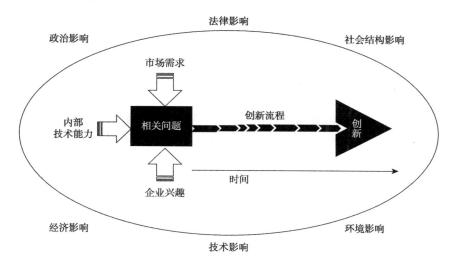

图 2.24　企业创新管理的关键要素

资料来源：Brem 和 Voigt（2009）

　　Payne 等（2008）识别了企业创新的三大机会，包括由技术突破提供的机会、由行业逻辑变化提供的机会和由顾客偏好与生活方式变化提供的机会。由技术突破提供的机会：新技术解决方案为供应商与客户共创商品、服务与体验创造了新的方法。由行业逻辑变化提供的机会：行业在一定程度上受到接触顾客的新渠道驱动。例如，电子渠道使不同供应商活动在实践与空间上更具流动性和可移动性。行业界限的模糊和不同类型行业的汇聚代表了组合知识与能力的机会和进行新的共创价值方式的机会。传统行业也能产生这样的变化。例如，宜家（IKEA）通过重新配置传统价值链渠道活动而改变了家具行业的业务逻辑。宜家设计家具，控制物流与零售店，而制造商进行生产，消费者则自行组装家具。由顾客偏好与生活方式变化提供的机会如最近十年的趋势是更强的个性化。消费者在这一趋势下希望共创更具个性的、体验化的、差异化的商品和服务。英国的某公司是从顾客体验中获利的很多企业之一，他们提供定制的、极端的体验。这一趋势为供应商提供了更多的一对一营销和为个性化、差异化产品进行大规模定制的机会。所以有必要对消费者偏好进行系统而充分的研究。

　　Teece（2007）也同样认为，感知新机会是一个审视、创造、学习与解释的活动。为识别并形成机会，企业必须不断审视、搜索、探索当地与外地的市场和技术。这一活动不但涉及对研究活动的投资、对顾客需求与技术可能性的探索，还涉及理解潜在需求、行业与市场的结构化演进，以及竞争对手与供应商可能的响应。企业在了解顾客需求的同时利用技术机会的程度，表明了它们商业化机会的范畴大小。识别机会的能力部分依赖于个体所属组织的知识与学习能力，特别是关于和现行解决方案、新颖解决方案相关的用户需求。企业因而需要从专业和社会接触的角度来积累并过滤信息，以对可能的技术演进、顾客需求和市场响应做出解释与响应。有时，顾客会在第一时间察觉应用新技术的潜力。有远见的客户常常能预见到新技术的潜力并可能开始进行初步的开发活动。而且，如果新技术供应商没有正确理解顾客需求，它们开发的新产品也不大可能成功。实证显示，创新获得商业成功的可能性与开发商对顾客需求的理解高度相关。警觉并能感知机会的企业往往能在新产品与服务中发挥顾客导向这一杠杆作用，因为顾客本身无法将最初的原型设计考虑得更长远。而确认一个新业务不仅仅是对机会的选择，还需要敏锐察觉顾客需求与支付意愿，理解采购周期与销售周期、供应与流通成本以及竞争对手的定位和可能的竞争反应。

Rohrbeck 和 Gemünden（2011）通过 19 个案例研究和 107 个访谈发现，组织的远见在创新机会识别与实施过程中发挥着极为重要的作用。不仅在探索新的业务领域方面发挥着创造愿景、提供战略指导、巩固主张、评价并重新定位研发组合、识别新的商业模式和业务逻辑的变化的作用，在识别新需求、新技术和竞争对手的概念等方面也起到了发起人的作用，还在提升创新质量上发挥着挑战者的作用。

2.3.4　小结

从以上文献研究可以看到，企业创新能力是一个复杂的概念。学界在技术创新能力、创造力、创新模糊阶段的机会识别、创业机会发现与利用等领域业已存在较为广泛的研究，对前人研究的回顾有助于我们厘清创新能力概念的内涵与外延，为进而确定相应的测度框架做准备。

企业创新包括技术创新、流程创新和管理创新，尽管创新内容与技术创新存在差异，其总体流程却是相同的，都始于源自相关问题的创意的产生，在创意得到成功实施时结束。从知识观的角度看，企业创新就是新知识的生产和对已经探索到的内外部知识的应用，企业创新能力就是企业在知识的生产、整合、转换与商业化方面的能力。目前仅有的几个企业创新能力框架均以技术创新能力为基础。然而，由于这些框架的复杂性和很多创新特征的难以测度性，学界仍然没有统一的企业创新能力测度框架。

在创新过程中，创新机会的识别涉及创意的产生和创造力管理，这一阶段被称为创新模糊前端，具有很大的不确定性。创造力是个体的内部动机、与专业领域相关的知识和能力以及与创造力相关的技能这三者的汇合（斯滕博格，2005）。新颖的想法往往处于联想链的末端，需要广泛的注意力才能发现。所以，创造性灵感往往来自跨领域的想法与各学科间的交流带来的知识的交叉滋养。创新企业需要将多元化的知识流与信息流聚焦于创新问题，以此带来新颖创意与解决方案。

创新机会存在于技术突破提供的机会、由行业逻辑变化提供的机会和由顾客偏好和生活方式变化提供的机会。识别机会，涉及感知、发现和商业概念的创造过程。所以企业能否抓住创新机会，主要看企业的远见、兴趣方向、技术能力和对市场趋势的理解等多个方面。

2.4 企业吸收能力理论述评

吸收能力指企业识别新信息价值、消化吸收并进行商业化的能力（Cohen and Levinthal，1990）。企业的吸收能力包括企业内部知识处理能力和外部知识探索能力两方面（Rothaermel and Alexandre，2009）。企业凭借内部知识基础与外部企业产生互动学习过程。吸收能力从两方面影响企业寻求外部技术（Zhao 等，2005）。第一，企业必须有能力识别和评价技术的价值；第二，有能力消化吸收并内化所获得的技术。因为拥有吸收能力为企业提供了监控与评价技术的能力，企业在寻求相关技术方面具有更大的自信和意愿来承受不确定性和风险。

Zahra 和 George（2002）将吸收能力分为潜在吸收能力和现实吸收能力。其中，潜在吸收能力由知识获取能力和消化吸收能力组成，现实吸收能力指知识的转换和利用能力。他们认为，能获取知识并消化吸收知识的企业可能不一定具有转换并利用知识以产生利润的能力。在此之前的许多研究强调吸收能力中的能力部分，过分强调了员工应该具有的能力，而忽略了员工的工作意愿。组织激励理论认为，如果员工受激励程度低，即使组织成员均具有高学习能力，企业对所吸收到的知识的利用能力还是低的。所以 Minbaeva 等（2003）认为，企业的吸收能力由员工能力和动机组成，这里的员工能力和员工动机分别代表了潜在吸收能力和现实吸收能力。在此基础上，Liao 等（2007）将吸收能力定义为：员工获取外部知识的能力和动机以及在企业创新过程中使用这些知识的意愿。这一吸收能力概念强调获取知识的能力和将其转换成可用知识的努力程度。Lichtenthaler U 和 Lichtenthaler E（2009）也将吸收能力定义为企业探索外部知识的能力，包含获取外部知识、消化吸收这一知识并将知识嵌入到企业知识基础的过程。在本书中也采用了这一吸收能力概念，将关注点聚焦于对外部知识的探索和获取，以及对组织知识基础的维护与激发，而把将知识进行商业化应用的能力部分归入到企业创新能力概念之中。

Minbaeva 等（2003）验证了企业对已获取知识的利用，他们识别出员工的能力与动机是企业吸收能力的关键部分，实证研究也显示出特定的人力资源管理活动与吸收能力的开发呈正相关。Giuliani 和 Bell（2005）在验证单一企业在集群内知识系统和集群间知识联系的吸收能力时发现，知识并不在空间上均匀分布，而是在具有高吸收能力的企业群体内流动。集群整体的学习动力在于集群内企业吸收、传播和创造性利用知识的能力。

在对吸收能力的研究文献中，通常用企业的研发活动强度进行测度。也有学者通过所使用的技能人员数或其他代表高质量员工的方法进行测度。很多定性测度是看企业是否具有独立的研发部门和企业是否使用技术中介（Spithoven et al.，2010）。Lane 和 Lubatkin（1998）的研究认为，吸收能力具有双向层次并提出了相对吸收能力的概念，认为企业的学习能力依赖于组织间的知识基础、组织结构和主导逻辑，相对吸收能力是对企业吸收能力的更好表达。他们继承了 Cohen 和 Levinthal（1990）的观点，认为企业的前期知识在识别和评价新的外部知识时必须符合两个标准：在转移与接受知识的企业间存在相似的知识基础、在使用新的专业知识时具有部分多元化知识基础。他们基于知识引用和知识流程相似性来测度相对吸收能力，并对传统的研发支出占销售额百分比指标进行了检验。他们发现，研发支出只解释了组织间学习 4%的内容，知识相似性解释了另外 17%的内容，知识流程的相似性解释了 55%的内容。这一内容得到很多吸收能力相关文献研究结果的支持。现有文献认为，有很多企业活动有助于提高吸收能力，包括研发投资、企业的基础研究活动、技术交叉性或研究的相关性、企业与知识源间的信任和文化适应性、员工技能、与外部科学家的协作等。

Liao 等（2007）采用了 Minbaeva 等（2003）的员工能力和动机量表来测度吸收能力。这里，吸收能力的第一层次是员工的能力，用他们的教育背景、与工作相关的技能来代表他们的潜在能力，组织可凭借这些能力来消化吸收和使用知识。根据员工的专业知识、技能和教育层次与技术标准的比较、员工利用知识的能力设计，测度企业员工的总体能力。吸收能力的第二层次是员工动机，通过企业的激励政策对员工行为的影响和员工的努力层次（员工的动力）测度。员工努力强度指组织成员为解决问题所耗费的能量（Kim，2007），是以员工的创新努力为特征的组织抱负（Cohen and Levinthal，1990）。

从以上文献可以看出，相对吸收能力概念与本书的吸收能力概念相同，本书在研究中也采用这一概念进行测度。

2.5　本章小结

本章通过相关理论研究发现，对互动创新的研究一直没有得到系统展开，属于学术界的一个薄弱环节。互动创新以创新过程的知识流和信息流为核心，它既是学习过程中的一个能力积累过程，又是一个灵感激发的过程，因而可以将其理解为企业与外部机构的互动学习促进企业创新能力提升的一个过程。

关注知识流与学习的外部联系是互动学习的中心环节，隐含着企业通过多重关系维持广泛的创新兴趣，从而保持重要的开放选择能力（Manley，2003）。企业与外部组织的互动学习，可根据知识流的性质划分为与知识生产机构的互动学习、与知识中介机构的互动学习、在生产合作界面的互动学习以及在市场营销界面的互动学习。

Lichtenthaler U 和 Lichtenthaler E（2009）识别了创新过程中企业的六大知识能力：发明能力、吸收能力、转化能力、联结能力、创新能力和解析能力。这六大能力间的关系研究属于学术界的薄弱环节。这六大能力恰好与本书中的互动学习（联结能力和解析能力）、吸收能力（吸收能力和转化能力）、创新能力（发明能力和创新能力）相对应。因而我们认为，以企业吸收能力为中间变量解剖企业互动学习与创新能力提升机理是一个值得探索的重要理论问题。

企业创新能力是一个复杂的概念，目前尚不存在公认的测度框架。对前期相关研究的述评为我们厘清创新能力概念的内涵与外延，为进一步的测度框架和测度指标研究打下了基础。

3 企业互动创新与创新能力提升关系探索性案例研究

本章将基于企业与外部组织的互动学习对企业创新能力的影响机理问题，通过 4 个典型案例分析展开深入的探索性案例研究。经过案例内分析和多案例之间的比较研究，探索企业的互动学习、吸收能力、创新能力等各变量之间的因果关系，构造企业互动学习、吸收能力、创新能力关系的初始概念模型和研究命题，为后续的理论拓展作铺垫。

3.1 探索性案例研究方法

案例研究是一种实证性的探究（Yin, 2010）。当研究者对个案特性、问题性质、研究假设及研究工具不是很了解时，可采用探索性案例研究作为初步研究，为正式研究提供基础（郑伯埙和黄敏萍, 2012）。由于案例研究着重于对当时事件的检视，不介入事件的操控，具有事件的整体性与事件意义方面的特征，因此，案例研究相当于帮助研究者产生新的领悟。当研究问题的目的是回答"是如何改变的？"、"为什么变成这样？"以及"结果如何？"时，案例研究是最适当的方法（郑伯埙和黄敏萍, 2012）。

3.1.1 案例研究概述

案例研究是一种研究设计的逻辑，用于探讨当前现象在实际生活场景下的状况。案例研究在数据收集与数据分析上极具特色，包括：依赖多重证据来源，不同数据用三角验证的方式上下收敛，并获得相同的结论；通常具有能实现发展的理论命题或具有清晰的问题意识，以指引数据收集的方向与数据分析的焦点。案例研究可分为探索性、描述性和因果性案例研究三类（Yin，2010），其分类依据在于研究目的不同。

案例研究同样需要遵循科学研究的法则，包括针对所要探讨的概念进行准确的操作性测量，产生构念效度；建立因果关系，说明某些事件或因素会引发其他因素的发生，且不受其他无关因素的干扰，产生内部效度；指明研究结果可以类推的范围，形成外部效度；阐明研究的可重复性，产生外部效度。

对于互动创新机理，目前尚未出现确定的理论假设，所以这里采用了探索性案例研究方法，用以构建初步的概念模型和理论假设，以期能在研究过程中，对研究的主要问题产生新的领悟，为后续的正式研究奠定基础。

3.1.2 案例研究步骤

Eisenhardt（1989）把案例研究的过程区分为启动、研究设计与案例选择、研究工具与方法选择、数据搜集、数据分析、形成假设与理论化、文献对话及结束等八大步骤，具体如表 3.1 所示。郑伯埙和黄敏萍（2012）根据此架构，将其归结为准备、执行与对话等三大阶段。尽管这些步骤或阶段具有先后次序，但在实际研究工作中，各步骤之间可能具有回路的循环关系，如类似数据的搜集与分析是反复进行的。

表 3.1 案例研究的步骤

研究步骤	研究活动
准备阶段	
启动	界定研究问题；找出可能的前导观念
研究设计与案例选择	聚焦于特定群体；理论抽样而非随机抽样
研究工具与方法选择	采用多元数据搜集方法；精制研究工具，同时掌握质性与量化资料
执行阶段	
数据搜集	反复进行数据搜集与分析；弹性而随机应变地搜集数据
数据分析	案例内分析；采用发散方式，寻找跨案例的共同模式
形成假设与理论化	针对各项构念，进行证据的持续复核； 跨案例的逻辑复现；寻找变量关系的原因
对话阶段	
文献对话	与矛盾文献和类似文献的比较
结束	尽可能达到理论饱和

资料来源：郑伯埙和黄敏萍（2012）

3.2　研　究　设　计

3.2.1　理论背景与理论假设

学习是知识经济时代提高企业能力最关键的途径。产品创新就是组织学习的一个过程。组织的学习形态不同，产生的创新形式也会有所不同。如单循环学习会产生渐进性创新，而双循环学习则会带来不连续的创新形式。具有双向机制的互动学习，同时具有对信息的学习与反馈功能，可将嵌入在设备、配件、软件甚至是新业务方案中的地方知识转换成常规性知识。它既是一个学习和激发灵感的过程，同时又是一个适应与能力构建的过程。

创新的本质是知识的开发与合成活动。互动学习层次越高的企业，越有可能获取创新过程需要用到的不同的异质性资源。企业与不同知识拥有者（人或组织）之间的沟通学习和"上游"活动（如研发）与外部参与者（如用户团体）或基础科学设施间的反馈，来自不同组织的知识在互动过程中引发的知识流动，帮助克服创新开发中的交换黏性，提高了异质性知识进行组合的可能性，进而降低了创新成本和不确定层次。同时，互动学习环境带来的知识共享能促进信任、激发企业与外部思想的联结，从而引发独特的、有吸引力的价值主张。所以，互动学习层次越高的组织越有可能具有创造性，它们更明确自己的创新边界，从而更有可能从整个系统的角度来考虑企业自身的战略和前途，即企业互动学习与企业创新能力正相关。

企业与不同知识拥有者（人或组织）之间的互动学习，来自不同组织的知识在互动过程中引发的知识流动能促进企业对外部知识的吸收。对外部知识的吸收一方面奠定了企业自身的知识基础，同时还增强了企业对外部知识的评价和利用能力。Zahra 和 George（2002）将吸收能力划分为潜在吸收能力和现实吸收能力。潜在吸收能力指企业获取知识和消化吸收的能力，现实吸收能力则指企业转换和利用知识的能力。所以说，互动学习能增强企业的吸收能力，又通过吸收能力增强企业的创新能力。林春培和张振刚（2017）的实证研究也显示，基于吸收能力的组织学习正向影响企业的创新绩效。

结合上述观点，我们引入了企业吸收能力这一中介变量来解释企业互动学习对创新能力的中介作用。具体如图 3.1 所示。

图 3.1　企业互动学习、吸收能力、创新能力关系预设

案例研究一般根据需要分析的层次与案例数来区分案例的研究类型（Yin，2010）。案例研究可按四种方式设计：单层次单案例、单层次多案例、多层次单案例、多层次多案例。单案例研究比较适合三种情况：批判性案例，用以挑战或验证现有理论；特殊性案例，案例具有独特之处，值得做个别探讨，以建立新的理论模式，或扩大旧理论的类推能力；补充性案例，针对前人研究未能观察到的现象加以观察，以补充过去研究的不足。相对于多案例而言，单案例研究显得相对薄弱，多案例研究的结论会相对有力。多案例研究可以同时找到正面与反面的证据，还可以探讨同一概念在不同场合下的运作结果。但案例的选择必须考虑其关联性。除对各单案例进行分析外，还需要对案例进行比较观察发现其相似与相异之处，多方寻找支持与对立的证据。

理想的多案例个数为 4 到 10 个。在选择案例时，通常需要做以下考虑（Eisenhardt，1989；李平和曹仰锋，2012）：①将选择的案例限制在一定行业或地域范围；②选择典型企业案例以确保行业代表性；③兼顾企业规模与行业地位，以实现证据的多重验证；④案例企业的信息丰富程度要高，以降低研究成本。除此以外，考虑到创新能力较强的制造业中小企业多数集中于浙江、江苏等我国中小企业密集区域，我们从浙江、江苏两省选择了四家具有行业代表性的典型企业作为探索性分析案例。案例选择标准如下。

（1）为了使选取案例符合研究主体，我们在符合制造业中小企业这一研究目标的基础上，在工业洗衣机制造、轮胎模具制造、家电产品配套和清洁船制造四个细分领域各选择了一家典型企业，四家企业均为每个细分行业的领先企业。

（2）为降低研究案例的差异性，我们将案例企业限定在我国制造业发达，极具代表性的浙江、江苏两省。而且，所选企业均为中国本土民营企业，其创新能力发展路径具有较强的代表性。

（3）为保障研究案例的代表性，我们选择的企业，分别属于传统工业品制造和日用品制造行业的典型企业。尽管随着它们创新能力的提高，已被当地政府评为高科技企业，但其产品、服务对象以及所属行业，依然隶属于传统制造行业。所选企业中，第一家为工业洗衣机制造企业，其创新能力突出显示在产品创新上；第二家为轮胎模具制造企业，其创新能力更多表现在生产设备的改进与流程创新方面；第三家为家电产品附属配件的生产企业，其创新能力主要通过帮助家电企业提升产品档次和质量、降低生产成本来体现；第四家企业以前从事汽车空调生产，鉴于该行业的竞争压力，在看到了我国水上清洁设备的市场前景后，毅然投入到水上清洁船的研发与生产中，成功开发出多品种水上清洁工具船，成为我国水上清洁设备这一细分行业的第一家生产企业。从这四家企业的创新来看，既存在技术推动型创新，又存在市场推进型创新；既有产品生产企业，又有推进产品升级的零配件生产企业和模具生产企业，使得研究结果有可能在可得性与代表性的前提下，实现多重验证效果。

3.2.2 数据的搜集

案例数据的搜集、编码及分析通常是混在一起的，这和量化研究的数据搜集与分析有很大不同。在数据搜集与分析过程中，研究者需要保持敏锐的理论触觉，现场笔记可以提供很大帮助。在现场笔记发生的种种事项，可以让研究者据此进行深刻反思。研究者需要考虑的问题是：哪些是令人印象深刻的事件？这种事情为什么会发生？这一事件与其他事件有何不同？独特之处在哪里？透过这些思考，可开阔研究者的思维，并随时调整数据搜集的深度和广度。必要时还可增加新问题，或采取新的数据搜集方法来处理浮现出的问题。另外，还可以进行团队会议，讨论数据的搜集状况，分享彼此的想法，为下一阶段的资料搜集方向与搜集方法做准备（Eisenhardt，1989）。

我们在资料收集时遵循了以下原则：①为提高研究效度，数据收集采用了多渠道方式。通过半结构化访谈、小组座谈、二手资料整理等方式收集数据资料。在每个案例企业，都与企业的技术主管、生产主管进行半结构化访谈，并让他们现场填写调查问卷。对访谈之后发现的疑问或漏洞，通过电话沟通解决。同时，我们还借助企业网站、宣传手册、业界新闻以及查阅企业内部文档资料等方式，进行企业资料的收集和整理。②对资料进行记录、整理和存储，以提高研究信度。在访谈前，先收集企业的相关公开资料；访谈时，对访谈内容现场笔录，并针对访谈企业中浮现出来的特殊问题进行探讨；访谈结束后，对当天的访谈内容进行整理、分析、编码。四家案例企业的访谈时间、对象、方式如表 3.2 所示。

表 3.2　研究中的案例企业资料来源

企业	访谈		文档资料	观察方式
	时间	对象		
A 企业	2013.8 2014.2	总经理助理、技术部经理、开发部经理、工艺部经理	企业内部资料、网站资料、新闻报道	与高层领导座谈；与技术部经理、开发部经理、工艺部经理交流；实地考察，参观生产现场；问卷调查
B 企业	2014.3 2014.5	总经理、总经理助理、研发中心主任、检测中心主任	企业内部资料、网站资料、行业报道	与总经理、总经理助理、研发中心主任、检测中心主任交流；实地考察，参观生产现场；问卷调查
C 企业	2013.8 2014.2	研发部主任、生产厂长	企业内部资料、网站资料、行业报道	与研发部主任、生产厂长座谈交流；实地考察，问卷调查
D 企业	2014.2	总经理助理、生产经理	企业内部资料、网站资料、新闻报道	与总经理助理、生产经理座谈；实地考察；问卷调查

案例内分析的主要步骤如下（郑伯埙和黄敏萍，2012）：①建立文本；②进行类别编码；③指出相关主题；④数据聚焦于检验假设；⑤描绘深层机制。

通过各个案例内分析，可以逐步归纳出新的概念或利用已有的概念建立概念之间的关系，探索各变量之间的相关性与因果关系，经过不断进行比较、归纳、总结，提出初始研究假设。再通过案例间的相似与相异的比较，在不断反复的论证过程中，逐渐廓清互动学习和企业创新能力提升机理的初始理论模型和研究假设。接下来将在此基础上，进一步进行文献研究，构建概念模型，提出明确的理论假设。

3.3　案例企业简介

表 3.3 为四家案例企业的基本概况。出于对案例企业商业信息的保护，这里遵循了研究惯例，用字母代码表示案例企业的名称。

表 3.3　四家典型案例企业简介

项目	A 企业	B 企业	C 企业	D 企业
成立时间	1969 年	1995 年	2006 年	2000 年
员工人数/人	606	87	350	300
年销售额/亿元	3.8	2.3	2.8	0.8
产权性质	民营	民营	民营	民营
主营业务	全自动工业水洗机、干洗机、展布机、烫平机、折叠机、堆码机、脱水机、夹烫机、中央洗衣系统、污水处理系统等	各类轮胎模具，如子午线轮胎活络模具、工程轮胎模具、ATV 轮胎模具、力车轮胎模具、胶囊模具、履带模具等	PET/PVC 彩膜、彩色层压覆膜彩板（VCM）、彩色预涂彩板 PCM、彩色环保覆膜彩板 ECM、彩色印刷预涂彩板 PCM/P、覆膜玻璃等	全自动水面清洁船、多功能蓝藻收获船、全自动水草收割机、水陆两用全自动浮苔收集船等
行业特点	高精度机械加工系统如切割、折弯、剪板、焊接；与化工相关工艺如酸洗、磷化、喷涂；企业掌握从零配件生产到装配、测试的整体技术；客户分布广泛；行业发展方向明确	高精度、自动化加工设备；机械、橡胶行业相关工艺；企业掌握先进的设备使用到专用设备改进的相关技术；参与产业标准制定；客户相对集中；行业发展迅速	高层次的研发支撑、广泛的应用范围；企业以膜类材料改性与合成技术为基础，将其广泛应用于家电等行业的产品升级；企业需要与研发机构、产品销售企业进行市场开发方面的紧密合作	自动机械、船舶相关技术；企业研发了我国首台相关产品，获多项专利，并开创了这一细分行业，在行业中具有先发优势
产品市场	在全国设有 42 个办事处和销售维修中心，提供售前、售中和售后服务；产品销往 70 多个国家和地区	轮胎制造企业；高品质与低成本的结合，成为行业领先企业，成为众多品牌轮胎企业供应商	家电产品等大型日用品生产企业；低成本、高品质产品特点，为客户提升产品品质、降低生产成本	水污染地区的治污需求，产品与我国当前环境治理需要相匹配

项目	A 企业	B 企业	C 企业	D 企业
是否拥有国外供应商提供的服务	有。提供生产设备、部分零配件与原材料	有。提供部分生产设备和技术设计原型	有。提供生产用原材料和设计方案	无。但已经与国外一企业签约成立合资公司

3.3.1　A 企业简介

A 企业始建于 1969 年，自 1980 年研制全自动洗涤脱水洗衣机至今，不断填补国内空白，已发展成为国内具有行业领先地位的工业洗涤设备制造商。目前，公司已开发出全自动水洗、干洗、烘干、熨平、折叠、整型及水处理设备等 9 大系列 19 个品种 90 多种规格的工业洗涤设备产品。公司每年在产品研发、服务提升、人员培训、渠道建设上的巨大投入，保证了公司每一位客户能享受到高品质的产品和快捷、贴心的服务。迄今为止，公司客户已广泛涉及全国 50 多个行业，拥有个人客户和机构客户 5 万余家。

A 企业是受到顶级酒店管理公司认可的洗涤设备制造商。这些酒店管理公司包括香格里拉、雅高、万豪、洲际假日、喜来登、凯悦国际、锦江、世茂、世贸、开元、天伦、首旅、金陵等。除此之外，A 企业还是国内上千家医院、铁路与航空部门、高校、大型企事业单位、大型洗衣厂的设备供应服务商。产品出口美国、日本、西班牙、意大利、俄罗斯、新西兰、新加坡、韩国等 60 多个国家和地区。

公司拥有各类先进的生产和加工设备，如日本 AMADA 数控激光切割机，日本 AMADA 公司数控多工位冲床 PEGA，德国 PHOENIC 高速火焰切割机，瑞士 BYSTONIC3015/1.8 激光切割机，意大利 C03006 数控剪板机，意大利 PSG100/3000 数控折弯机，法国 HL1500 薄壁筒体中缝自动焊接机，HCT2500X2500 环缝自动焊接机，HB1000 自动焊接变位机，大型酸化磷化设备和喷涂自动流水线等，整体工艺和装备水平居国内同行首位。

公司拥有行业内唯一的洗涤机械研究所，同时设立了产品开发部。洗涤机械研究所主要负责新产品的设计开发、中间实验、技术咨询、产品改进等工作。产品开发部主要负责新产品的试制、中间实验、新产品调试、工装夹具的设计制造等。公司已获得洗涤机械领域多项发明专利，多个新产品依次填补了国内空白，如首创国内第一台全自动洗涤脱水机、全自动干洗机、自动熨平机等。公司产品被机械工业部推荐为第十九批替代进口产品；公司首创的国内最大容量的全自动洗涤脱水机，成为世界上少数几个国家能够生产大容量洗衣机的厂家之一；公司被科学技术部火炬高技术产业开发中心认定为国家火炬计划重点高新技术企业（业内唯一一家）；公司成功研制了具有自主知识产权和多项国家专利的离子洗衣机；成功研制我国首台隧道式连续洗衣系统；成功研制毛巾折叠机、工衣折叠机、后整理吊带机等多个新品。除此之外，公司还与英国企业合作研发微粒子全自动洗涤脱水机。

公司在同行中率先通过 ISO9001 国际质量体系认证、中国合格评定国家认可委员会环境管理体系认证 CNAS C014-Q、欧盟 CE、美国 ETL 安全认证。公司相继被认定为江苏省高新技术企业和国家重点高新技术企业，是中国洗涤机械专业委员会会长单位，全国重点保护品牌企业，是行业内唯一的中国驰名商标企业。

3.3.2 B 企业简介

B 企业成立于 1995 年，专业化生产各种规格、型号的橡胶轮胎模具，拥有300 余台套的数控加工设备，年产模具 3000 余套。生产的轮胎模具成为"中国橡胶工业民族品牌"，是中国、德国、日本、意大利、韩国、印度等国家品牌轮胎如朝阳、中策、WTB、Continental、奈顿、MRF、CENT、HUTCHINSON 等的模具供应商。公司属国家级火炬计划产业化项目企业，是中国轮胎模具行业十强企业，公司产品是中国橡胶工业协会推荐品牌产品。

公司主要产品有：子午线轮胎活络模具，半钢子午线轮胎模具，工程轮胎模具，ATV 轮胎模具，摩托车轮胎模具，力车轮胎模具，内胎模具，胶囊模具，垫带模具，冷翻胎面胶模具，履带模具等。特别是公司的锻打铝合金、数字化制造精密轿车子午线轮胎模具的生产，使我国轮胎模具步入世界模具先进制造行列。

公司通过了 ISO9001 国际质量体系认证、中国合格评定国家认可委员会环境管理体系认证 CNAS C014-Q。通过多年的努力，已形成一支年轻化、知识化的生产研究队伍。公司拥有省级高新技术研究开发中心，是《轮胎外胎模具-活络模具 HG/T3227.1 标准》《轮胎外胎模具-两半模具 HG/T3227.2 标准》《力车轮胎模具 HG/T2176—2011 标准》的主起草单位，也是中国模具工业协会橡胶模具委员会副主任单位、中国橡胶工业协会模具分会副理事长单位、军民两用技术与产品全国理事会理事单位。

公司不断引进国外先进技术和装备，并在此基础上不断改进专用设备，走产业化发展道路，由此获得多项实用新型专利和发明专利。公司先后改进了：五轴精密铣花机、高精度数控分度盘、高精度自动装夹龙门加工中心、轮胎模具自动喷砂机及除尘装置、活络模具花纹块加工中心及模拟器制造电火花加工、数控加工拼花模、电磁吸盘、电火花机床及电极柄、模具自动清洗槽、智能模具+隔膜硫化机、数控四轴轮胎模具刻字机、电火花机床主轴滚珠丝杆、直线导轨代替普通丝杠。开发的新模具产品有：压注式插秧机模具、高精度高品质高档自行车胎模具。经公司改造的专用设备往往能同时提升产品质量和生产效能。例如，得到专利保护的智能模具与隔膜硫化机的使用，可在轮胎加工过程中同时对轮胎的内外压力、时间和温度进行控制。德国 Lang 公司制造的轮胎模具刻字机市场价约为450 万元，而公司改进的数控四轴轮胎模具刻字机在生产上具有相同功用与效能，成本只需要 50 万~60 万元。

3.3.3　C 企业简介

C 公司成立于 2006 年，是一家基于膜类材料改性与合成技术的新材料推广普及企业。公司专注于 VCM 彩钢板贴覆工艺的研究与推广，通过新工艺技术中试及深加工产品设计，成功将贴膜技术导入家电品牌。公司生产 PET/PVC 彩膜、VCM /ECM/PCM 彩钢板、金属复合彩板、家电覆膜彩色玻璃等产品。产品广泛应用于家电（冰箱、洗衣机、空调、电视机、微波炉、热水器、电脑等）、钢木门、厨具、电梯、造船、集成吊顶、家装及工程玻璃等领域。

以前，高光彩膜主要依赖于日本理研株式会社及韩国 LG 等国际供应商进口，C 公司研发的仿不锈钢复合膜及仿不锈钢、仿铜、仿铝等彩钢板，一方面成功实现了进口产品的国产化，另一方面使得该类产品的市场采购价格连续四年下降了45%，其他同类产品下降比例均在 25%以上。在促进我国家电等产品提升档次的同时，还能大幅度降低生产成本，在助力提升我国制造业产品竞争力的过程中立下了汗马功劳。

C 公司以市场需求为中心，借力国际先进工艺技术资源，基于核心技术生产核心材料，再将核心材料转化为不同应用领域的具体产品，并以模块化工厂的方式展开业务，凭借先进的材料与工艺技术持续提升了企业产品的市场竞争力。公司以黏合技术、高分子材料改进与合成技术、UV 光固化技术为核心技术，以黏合剂材料、高光膜材料、UV 高分子材料、改性高分子材料、金属复合材料为核心材料，逐步形成了以中国科学院化学研究所为主的核心技术联合开发战略平台，以国际供应商为主的引进信息与成果转化的市场产品成果平台，以品牌用户科研所为主的产品策划推广普及平台等三大技术研发平台。公司与德国、美国、日本、韩国等国的多家国际供应商及研究机构就中国市场产品展开技术研发战略合作，技术水平已经达到了国际先进标准。到 2014 年，公司拥有 150 多项自主开发知识产权专利项目，其中有多个项目对行业新工艺技术的创新及新材料的应用作出了巨大贡献。

在产品应用方面，公司的产品在帮助客户改进产品外观、降低成本的同时，还能大幅度提升产品的表面强度、硬度等性能指标。在应用领域，公司产品已经在 28 类家电产品与高端装饰材料上得到应用。其中，仿金属材料如仿不锈钢、仿铜、仿铝等新材料的应用给整个行业带来了全新的消费理念，赢得了极高的市场美誉度。

值得一提的是，公司的科研所已被批准为院士工作站。科研所与中国科学院、中国科学技术大学在既有成果基础上就高分子材料类课题研究和成果转化方面展开了持续、系统的开发，将为企业的长期发展提供保障。同时，科研所还承担了提高与改善市场产品质量的职能，是公司实现产品设计创新及设计利润最大化的核心利润中心。

3.3.4　D 企业简介

D 企业成立于 2000 年，初期主要从事客车空调的研发与生产，依赖价格优势与服务优势为国内中小型客车企业配套。2005 年开始研制水面清洁船。在 2006 年底成功研制出我国第一台集水面漂浮垃圾打捞、过滤、卸载为一体的自动化水面清洁船，填补了我国在该领域空白的同时，开创了一个全新的行业市场。目前，公司已成功转型为一家专业从事水上保洁产品研发、生产与销售的企业。

公司拥有员工 300 人（其中大专及以上学历员工 60 人），主要生产全自动水面清洁船、多功能蓝藻收获船、全自动水草收割机、水陆两用全自动浒苔收集船、重物打捞船等产品。公司引进具有国际先进水平的数控螺杆铣床、超音速喷涂设备、CNC 加工中心和企业资源计划管理技术，技术在总体上达到国内领先水平，具备了宽系列、高精尖、多层次的产品设计与开发能力。

从清洁船研制之初到现在，公司一直积极利用外部智力资源，实现了企业的研发能力最大化。到 2014 年，公司已拥有国家专利 50 多项。公司是政府采购指定供应商。公司产品多功能蓝藻收获船项目是国家星火计划项目。公司设立了专业水域环境治理工程技术中心，并与江苏科技大学合作成立了研究生工作站，进行产品的研发与检测，多次斩获国家创新基金。公司还是《上海水面清扫船技术要求》标准（LHSR02-2012）起草单位，荣获国家标准创新贡献奖。

作为国内首家水上清洁船的研发与生产企业，公司对市场的潜在需求有着较强的专业敏感性。如在太湖蓝藻污染事件后，公司便快速研制出多功能蓝藻收获船；在获知江苏常熟尚湖风景区深受水草泛滥困扰时，成功开发生产出全自动水草收割机；在青岛海域浒苔泛滥时，成功开发出水陆两用全自动浒苔收集船。为深入研究水体垃圾的资源化利用，公司成功开发了全自动水葫芦分节采收及资源化再利用船。为推动企业的持续发展，公司还与国际上处于行业领先地位的芬兰企业展开针对湖泊、池塘与河流的两栖工具载体设备的合作研究与生产项目，为公司的进一步发展打下技术基础。

3.4　案例分析：互动学习、吸收能力与创新能力

本节将初步分析每一个案例中所收集的数据，定性描述每个案例企业与其外部机构的互动学习行为、企业的吸收能力和创新能力，以得出结构化的数据，为进一步深入分析变量之间的关系做好准备。

3.4.1　企业与外部组织的互动学习行为

在创新过程中，机构间通过互动获得、开发并交换各类知识、信息和其他资源。互动作为创意、解决方案与技术跨越不同参与者边界的一种方式（Ford et al.，2008），为企业提供了一种利用外部知识和能力的途径。企业的外部联系可分为关注市场交易的联系和关注知识流与学习的联系。关注市场交易的联系是企业在现有生产能力下的产品销售，不涉及能力增强要素；关注知识流与学习的联系可分为生产学习联系、创新学习和以创新为中心的联系（Ariffin，2000）。互动学习关注与外部伙伴建立联系通道并利用其知识的过程,隐含着创新依赖于企业(客户、供应商、竞争对手)、研究性组织（大学、其他公共和私立研究机构）和公共机构（技术转移中心、开发机构）等经济体间的互动与知识流动（OECD and EUROSTAT，2005）。以下是各案例企业与外部机构的互动学习情况。

3.4.1.1　A 企业的互动学习行为

A 公司的洗涤机械研究所是行业内唯一的专业研究所。除研究所外，公司还依据产品创新流程，设立了产品开发部、技术部、工艺部和总试办。洗涤机械研究所主要负责新产品的设计开发、中间实验、技术咨询、产品改进等工作。产品开发部主要负责实现新产品的开发，任务到实现单机生产时结束，具体职责为新产品的试制、中间实验、新产品调试、工装夹具的设计制造等工作。总试办与营销部门联系紧密，专门负责新产品的市场试用；工艺部负责新产品的标准化实施。而技术部，则负责老产品的技术问题。

每年，公司董事长都会亲自带领上述部门骨干成员参加国际性专业展览会，感知行业最新动态，以捕获新产品发展的方向。将此信息与公司来自其他领域的信息结合，进行新产品构思与设计。一旦构思确立，各部门各司其职落实具体的研发工作。同时，与公司联系紧密的无锡研究院和与江苏科技大学合作建立的研究生工作站，也能为企业带来前沿技术信息、提供具体的技术知识通道和具体的

技术解决方案。

公司的核心能力体现在机械制造领域。但工业洗衣机械同时涉及化工、电子电器、控制、生物等领域。公司将不属于自己核心能力的零配件开发交给了相应行业的领先企业,从而带来相应的协同创新效应,如洗衣设备上的液晶触摸控制部件、保障机器运行平稳的气囊避震器、精确定位用自动控制接近开关、抑制气味的碳吸附电机、过滤溶剂的过滤器、结合生物技术的 MBR 膜生物反应器等。公司的理化实验室配备着拉伸试验机、冲击试验机、动平衡机、盐雾试验系统及全套型式试验等检测装备。实验室在确保公司产品零部件与整机质量的同时,也为公司与其他领域机构的互动合作提供了保障。

另外,公司还注重与科学技术局、行业协会等中介机构的联系,从而保障信息的及时获取。公司是中国轻工机械协会洗涤装备分会五届五次会议和全国洗涤行业标准研讨会的赞助与主办单位。这样的会议进一步拉近了公司与行业协会及相关专家的距离。同时,这些创新中介机构在公司的创新与发展过程中所做的贡献,也得到了公司的肯定。特别是在公司产品升级和对外拓展的过程中,行业协会等中介机构起到了很大的作用。例如,公司早期合资创办中泰合资 CNT 洗涤机械制造有限公司、中马合资 CNM 洗涤机械制造有限公司,后来建设中俄合资洗涤机械有限公司,以及与英国 Xeros 公司合作研发全自动微粒洗涤脱水机,掀起了洗衣领域的现代节能新潮。

公司在全国拥有 42 个办事处和销售维修中心,为国内外客户提供售前、售中、售后服务的同时,通过与客户的直接互动,为公司带来了大量不同性质的客户需求信息,为公司产品的进一步提升与创新打下基础。例如,公司派出“野战洗衣车技术保障小组”奔赴汶川参加抗震救灾。“野战洗衣车技术保障小组”对野战洗衣车历时 30 多天的实时运营,获得良好的性能反馈意见,为野战洗衣车进一步的性能改进获取了一手信息。

3.4.1.2 B 企业的互动学习行为

公司通过多年的努力,已形成一支年轻化、知识化的生产与研究队伍。公司的研究中心是省级高新技术研究开发中心。除研发中心外,公司还设有检测中心和培训中心。公司的生产加工中心员工均为技术型员工,一流的 CAD(computer aided design,计算机辅助设计)、CAM(computer aided manufacturing,计算机辅助制造)技术是公司整体实力的体现。

公司是中国模具工业协会橡胶模具委员会副主任单位、中国橡胶工业协会模具分会副理事长单位、军民两用技术与产品全国理事会理事单位。与这些机构的紧密联系,为企业提供了来自国外研究所国内分支机构、国内外同行和其他专业机构的信息。董事长兼总经理是一位年富力强的技术型创业人员。通过专业协会提供的信息和渠道，他每年都会参加 3 次以上的专业国际博览会以感知国际行业动态和技术前沿，以此确定技术改进方向。在确定方向后，就会将技术指标与公司制造过程的相应工艺流程联系。然后由公司的研究中心将各项技术指标细化落实。研究中心同时与国际上的专业研究机构和相应的国内装备制造企业合作，落实相关装备的改进与生产。通过这一方式，公司在引进国外先进技术和装备的基础上，依据生产流程不断地改进专用生产设备，实现了生产效能与产品效能的同时提升，并由此走上了产业化发展道路。公司也由此获得多项实用新型专利和发明专利。如得到专利保护的智能模具与隔膜硫化机的使用，可在轮胎加工过程中同时对轮胎的内外压力、时间和温度进行控制。德国 Lang 公司制造的轮胎模具刻字机市场价约 450 万元，而公司改进的数控四轴轮胎模具刻字机只需 50 万~60 万元，却能在生产上发挥相同功能。公司董事长兼总经理自信地表示，与专业研究机构在研发设计方面的紧密合作，以及国内装备制造企业的技术能力是推动公司成功的两大关键要素。

3.4.1.3　C 企业的互动学习行为

C 企业的互动学习行为主要体现在与研究机构的互动学习和与品牌用户的互动学习两方面。公司在"借力资源就是管理创新""以市场需求为中心，借力国际先进工艺技术资源，以先进的工艺技术和材料持续提升产品的市场竞争力"方针指导下，建立了以黏合技术、高分子材料改进与合成技术、UV 光固化技术为核心对象的以中国科学院化学研究所、中国科技大学高分子材料研究所为主导的研究所互动平台，为公司的持续发展提供动力；建立了与国际研究机构、供应商的信息与成果转化平台，与德国、美国、日本、韩国等国的多家国际供应商及研究机构就中国市场产品技术研发建立战略合作关系；建立了以品牌用户科研所为核心的产品策划推广普及平台，通过该平台与品牌企业的产品研发机构共同研制、设计新产品，以实现企业的新技术产品快速、高端化应用推广。如公司成功为美的集团设计的一款新式冰箱，成为美的集团当年的高端冰箱销售冠军；为盼盼集团设计的一款新式防盗门，直接成为盼盼集团当年重点推广产品。而且，盼盼集团还将公司提供的设计，成功申请为实用新型专利。通过类似的互动学习与合作，C 企业的产品在一个又一个高端品牌产品中得到应用。公司在助力中国制造高端化升级的同时，也将自己打造成了行业领先企业。

3.4.1.4　D 企业的互动学习行为

从 D 企业准备转型到现在，公司一直与外部研究机构和市场保持着良好的互动学习状态。从第一艘清洁船项目论证开始，公司就组织骨干技术人员不定期到苏州市船舶检验局、上海交通大学水下工程研究所、河海大学、中国水产科学研究院渔业机械仪器研究所等单位，与相关技术专家进行交流，反复论证全自动水面清洁船研究与应用的可行性。研制期间，不断邀请相关专家到企业进行现场指导，为关键性技术的攻关和规范化生产方面提供智力支持。上海交通大学水下工程研究所对产品的液压系统提供了很多改进意见；中国水产科学研究院渔业机械仪器研究所对船体的规范化设计、自动化打捞装置的技术改进方面提供了帮助；苏州市船舶检验局在船舶建造规范化方面做出了具体的指导与要求；河海大学的水利机械专家对船舶的机械装置提供了大量技术指导。

在此背景下，D企业与中国科学院水生生物研究所合作，成功研制出多功能蓝藻收获船；与河海大学相关专家一起开发生产出全自动水草收割机；与中国水产科学研究院渔业机械仪器研究所、中国科学院海洋研究所等单位合作，开发出水陆两用全自动浒苔收集船。为实现持续发展，公司与国际上处于行业领先的芬兰企业展开针对湖泊、池塘与河流的两栖工具载体设备的合作研究与生产；为深入研究水体垃圾的资源化利用，与中国科学院地理与湖泊研究所合作研究高等水生植物的收割与资源化利用；与江苏省农业科学院、中国水产科学研究院合作研究太湖流域水葫芦规模化养殖、打捞及资源化利用，在解决水体富营养化方面展开战略性合作，共同开发出全自动水葫芦分节采收与资源化再利用产品。

公司与市场的互动，体现在公司对市场感知的专业性和敏感性，以及对客户需求的跟踪服务方面。公司的新产品开发，均基于用户需求分析。通常流程为实地考察当地水域河道，制订相应方案，对产品的设计、采购、装配、调试、服务等各环节进行跟踪服务。

另外，公司领导一直重视对新概念产品的开发。从第一个清洁船产品概念到现在，公司领导一直专注于国际清洁设备产品趋势的把握。通过考察国外专业生产机构、参加专业博览会，以及与相应行业协会与研究机构的互动，感知新的发展方向。

3.4.2　企业的吸收能力

吸收能力使企业能识别与评价存在于企业外部的新知识，在理解细节的基础上消化吸收新知识，改进并将其整合到企业的流程中去。一方面，企业通过与外空间中其他组织的互动和交换获得信息、资源与技能，从而改善和提升自己的创新性；另一方面，企业内部也存在信息、资源和技能的交换，实现对知识的探索、吸收、转化和利用的全过程，为组织的创新与发展奠定基础。

3.4.2.1　A企业的吸收能力

公司科技人员占总职工人数约25%。这些分布在公司研究所、开发部、总试办、技术部、工艺部、理化实验室等相关部门的技术员工所拥有的专业知识是 A 企业吸收能力的基础。这些部门的紧密合作是 A 企业实现知识整合与消化吸收外部知识的有力保障。公司与中介机构、大学和研究所等外部知识生产机构的合作，为公司的吸收能力提供了多元化知识通道。这些方面大大增强了公司从不同领域获取见解并应用见解的能力。如与公司联系紧密的湖北工学院、无锡研究院和来自省内各高校的研究生（公司为省级研究生工作站），能为企业带来前沿技术信息、提供具体的技术知识通道和具体的技术解决方案。参与公司研发的研究生中，有部分人员会留在公司发展，这一方面增强了公司的技术实力，另一方面也进一步强化了公司与大学、研究机构间的联系。

同时，在"人本、忠诚、合作、超越"的企业价值观指导下，公司积极鼓励员工提高自己的知识水平。如公司在上海正式建立洗涤机械有限公司，除设立销售中心外，还另外设立了科技开发中心和信息教育培训中心。公司积极培养具有潜力的员工，激发他们提升自身能力。在现行企业骨干中，部分骨干的初始学历不高，但经过不断提升，已具备了与其他研究人员相当的研究实力。公司先后选拔了 50 多名年轻科技人员到国内大专院校、科研院所进行深造；选派了 10 多名技术骨干到泰国、日本、新加坡等国家进行技术培训。

公司每年的年终大会都会公布当年的创新型员工人员并发放奖金。近几年，提供给员工的创新贡献奖励每年都在 50 万元以上。为确保创新奖励成为创新型员工的实际收益，公司规定不许用创新奖励请客，从而使创新型员工在成为企业中的榜样的同时，得到较好的物质支持，从制度层面确保良好创新氛围的形成，不断提升公司的吸收能力。

3.4.2.2　B 企业的吸收能力

公司董事长兼总经理及其研发中心、检测中心和培训中心所拥有的专业知识能力，以及企业内众多技术型员工，是 B 企业吸收能力的基础。董事长兼总经理对外部知识的开放性态度以及与多家专业协会的紧密联系，成为公司拥有多元化知识通道的有力保障。多元化的知识通道增强了企业从不同领域获取见解并应用见解的能力，从而提高了企业的机会识别能力。多元信息与公司品牌客户带来的专业市场需求信息的结合，为公司提供了流程改进的基础信息。在此基础上，与国内外研究机构以及国内装备制造企业的紧密合作，提升了企业的创新实现能力。

另外，公司每年会针对员工的创新贡献进行奖励。奖励按贡献大小分配，类似于生产系统的多劳多得。这一政策在一定程度上激发了员工学习技术和进行技术应用的动力，成为公司吸收能力提升的另一重大因素。

3.4.2.3 C 企业的吸收能力

公司的研究互动平台、信息与成果转化平台、产品策划推广平台成为 C 企业吸收能力的强大基础。目前，公司科研所已成为省级企业院士工作站。一流科研机构的专业人员为企业提供了多渠道的研发与信息通道。与国际品牌供应商和研发机构的战略合作确保了企业能及时获得国际研发成果。与品牌产品企业研究开发机构的合作，使企业站到了众多行业的制高点，从而使企业在准确把控各个行业的发展趋势方面处于极其有利的地位。这一良好的行业趋势把控地位反过来又促进了中外研究机构、供应商之间与公司的互动合作倾向，从而形成了良好的互动学习与创新生态。这一互动学习与创新生态成了企业吸收能力的重要推动力量。

3.4.2.4 D 企业的吸收能力

公司凝集了一批优秀的人才。目前，公司总体技术实力已达到国内领先水平，具备了宽系列、高精尖、多层次的设计开发能力。公司成立了专业水域环境治理工程技术中心，与江苏科技大学合作成立了研究生工作站。在与外部研究机构的不断合作研发过程中，公司的吸收能力与技术能力不断提高，为公司的新产品开发打下了基础。公司还是《上海水面清扫船技术要求》（LHSR02-2012）起草单位，荣获国家标准创新贡献奖。

3.4.3 企业的创新能力

与外部知识的互动学习使企业可以利用外部异质性资源、更充分地意识到外部能力，一方面使企业的生产活动与创新活动更加精准，另一方面促进企业扩展对外部环境信息的监控，提高企业的风险与机会意识。

3.4.3.1 A 企业的创新能力

随着企业的发展，A 公司的创新能力不断提高，开发的新产品科技含量不断提高，市场竞争力不断增强。公司首创国内最大容量全自动洗涤脱水机，使公司成为世界上少数几个能够生产大容量洗衣机的厂家之一。公司还是业内唯一一家被科学技术部火炬高技术产业开发中心认定的国家火炬计划重点高新技术企业。现在，A 企业不但新产品上市率大幅提高，而且新产品的创新性越来越强，大部分新产品成为拥有专利的国家级新品。公司成功研制了具有自主知识产权及多项国家专利的等离子洗衣机以及我国首台隧道式连续洗衣系统。公司的自动洗衣机流水线，水耗比单机降低 70%、排污减少 70%、电耗降低 50%、洗涤剂用量减少30%~35%、占地面积节省 50%、人力节省 80%。公司还掌握了膜生物反应器工艺和二级生化工艺流程污水处理核心技术。研发的 MBR 污水处理系统利用膜分离技术和生物技术有机结合的膜生物反应器，高效实现固液分离，并截留大肠杆菌等生物性污染物，处理后的出水可直接回用，实现了污水资源化。研发的真空蒸馏机和立体烘干机获 8 项国家专利，产品直接出口日本。

3.4.3.2　B 企业的创新能力

不断引进国外先进装备以及在此基础上应用不断改进的专用设备，使得 B 企业成为行业的领跑者。企业先后改进了五轴精密铣花机、高精度数控分度盘、高精度自动装夹龙门加工中心、轮胎模具自动喷砂机及除尘装置、活络模具花纹块加工中心及模拟器制造电火花加工、数控加工拼花模、电磁吸盘、电火花机床及加工中心的互换夹具与电极柄、模具自动清洗槽、智能模具+隔膜硫化机、数控四轴轮胎模具刻字机、电火花机床主轴滚珠丝杆、直线导轨替代普通丝杠等设备，由此获得多项实用新型专利和发明专利。同时，公司还成为《轮胎外胎模具-活络模具 HG/T3227.1 标准》《轮胎外胎模具-两半模具 HG/T3227.2 标准》《力车轮胎模具 HG/T2176—2011 标准》的主起草单位。

3.4.3.3　C 企业的创新能力

C 企业与科研机构、供应商、客户的研发部门之间形成的良好互动生态，促进企业创新能力不断提升。目前，公司拥有 150 多项自主开发的知识产权专利项目，其中多个项目对不同行业新工艺技术的创新及新材料的应用作出了巨大贡献。PET/PVC 彩色复合膜、VCM 彩色层压覆膜彩板、PCM 彩色预涂彩板、ECM 彩色环保覆膜彩板、PCM/P 彩色印刷预涂彩板、覆膜玻璃等产品，均成为行业突破性产品，广泛应用于家电（冰箱、洗衣机、空调、电视机、微波炉、热水器、电脑等）、钢木门、厨具、电梯、造船、集成吊顶、家装及工程玻璃等领域，极大地推动了众多中国制造产品的升级。

3.4.3.4　D 企业的创新能力

公司成功研制出国内第一艘水面清洁船，在填补了我国该领域空白的同时，开创了一个全新的行业。在此后的短短几年时间里，公司先后研发了全自动水面清洁船、多功能蓝藻收获船、全自动水草收割机、水陆两用全自动浒苔收集船、自动水葫芦分节采收及资源化再利用船等众多符合市场需求的水上清洁船并投入生产。公司也因而多次获得国家创新基金，成为政府采购指定供应商、国家星火计划企业。到 2014 年，公司已拥有 50 多项国家专利，尚有多项专利处于申报之中。

3.4.4　企业互动学习、吸收能力、创新能力关系假设

基于以上分析，对以上四家案例企业的互动学习、吸收能力和创新能力水平进行总结归纳（表 3.4），从中可以看出企业间的互动学习和创新能力关系。四家企业均重视与外部研究机构的互动合作，并且与外部研究机构的合作提升了各案例企业的创新能力，同时也提升了其自身的吸收能力。A 企业作为一家成熟的创新型企业，其创新能力主要体现在新产品开发方面，企业与知识研究机构、中介机构、市场界面、供应商之间存在较高的互动学习层次。B 企业作为一家进入快速成长期的创新型企业，其创新能力主要体现在对产品流程改进的生产装备开发与使用方面，与外部机构的互动主要体现在与中介机构和研发机构、装备制造企业的互动学习上。企业具有很强的机会识别能力、较强的新产品实现能力和相对较弱的商业化能力。C 企业的创新能力集中体现在以研究中心为主的三大互动平台上，相对于其他企业产品来说，其产品属于科技突破带来的新的应用。企业在市场机会识别、新产品实现和商业化能力方面均有较强表现。D 企业的创新集中体现在对新市场机会的把握和与研发机构的积极互动方面，自身开发能力相对较弱，商业化能力也相对有限，但产品符合市场需求。可以发现，四家案例企业在识别机会和利用外部知识与研究能力方面，均有着较强的表现。所以，我们预设，案例企业通过与外部机构的互动学习，提升了其吸收能力和创新能力。

表 3.4　案例企业的互动学习、吸收能力、创新能力

企业	互动学习	吸收能力	创新能力
A 企业	与市场界面、知识研究机构、供应商紧密互动	重视人才选用与创新激励	很高的技术机会与市场机会识别能力、创新实现能力和商业化能力
B 企业	与研究机构、供应商、客户互动	重视创新激励	很高的技术机会识别能力和产品实现能力
C 企业	与研究机构、供应商、市场界面紧密互动	重视人才的选用	很高的技术机会识别能力、创新实现能力和商业化能力
D 企业	与研究机构互动、与市场界面互动	重视创新激励	很高的市场机会识别能力和创新实现能力

通过上述分析，提出以下初始假设命题。

命题 1：企业与外部组织的互动学习对企业创新能力有正向影响。

命题 2：企业与外部组织的互动学习对企业的吸收能力有正向影响。

命题 3：企业的吸收能力对创新能力有正向影响。

3.5　本　章　小　结

本章基于理论预设和四家典型案例的探索性分析，提出了企业互动学习与企业创新能力关系假设命题。通过探索性案例研究，明确了企业互动学习、吸收能力和创新能力各相关概念之间的关系和理论预设，为进一步的实证研究打下了基础。

4 企业创新能力测度指标构建

创新能力代表着企业的发展潜力，但企业创新能力的测度一直以创新投入或创新产出为基础，无法体现企业的创新效能与真实能力。本章在已有文献基础上，以适切性和可行性为基础，构建了企业创新能力测度框架。在此基础上，结合中小企业运作特征，发展了面向制造业中小企业的机会识别能力、前瞻性与创新承诺、组织能力和创新文化因素量表，并以 335 家制造业中小企业为研究对象，对这些因素进行了探索性因素分析。最终得出一个完整的创新能力测度指标体系。

4.1 企业创新能力测度中的问题

测度影响企业创新能力的复杂过程以实现优化管理是一个很大的挑战，也是学术界和企业界对创新行为效力理解的需要（Kim and Oh，2002）。由于创新的多维度特征和创新测度研究的碎片化（Ahmed and Shepherd，2010），企业创新能力测度成为一大难题。多数企业和创新政策指标倾向只关注研发费用或创新产出。这样不但存在测度的贴切性问题，更严重的是忽视了创新过程与创新效能。简单地将研发投入作为创新测度指标可能因此掩饰了创新过程中的低效能，因为高研发密度并不一定能带来好的创新实践（Dodgson and Hinze，2000）。对中小企业而言，无论是将投入还是产出作为创新测度指标，其创新能力都有可能被低估。一方面，中小企业的创新投入广泛分布于各类事务之中，它们可能没有正式的研发活动或者没有记录正式的研发活动；另一方面，很多企业可能由于缺乏专业的文职人员或出于行业保护需要而不申请专利。而且，大量中小企业的竞争能力来自商业模式创新，这一点无论从研发费用还是创新产出方面都是难以测度的。

对企业创新能力测度的研究，目前学界尚未形成统一的框架。学界对创新能力的研究，多数局限于技术创新能力，如 Chiesa 等（1996）的技术创新过程稽核模型分为四大核心流程和三大促进流程。四大核心流程是：概念产生、产品开发、流程创新和技术获取。三大促进流程是：人力资源与财务资源的部署、适当的系统与工具的有效使用、高层次领导与方向。然而，商业上的成功不仅依赖于技术创新，还依赖于将技术转变成市场产品的商业化效率与效能。企业创新包括技术创新、流程创新和管理创新，因而企业创新能力的内涵更加广泛。本章整理了企业创新能力研究的关键文献：Lawson 和 Samson（2001）动态能力视角下的企业创新能力维度；Adams 等（2006）在文献研究的基础上开发的创新管理过程模型整合框架；Björkdahl 和 Börjesson（2011）对挪威制造企业创新能力测度时使用的 8 个维度指标，即创新战略、优先性排序、文化、创意管理、外部环境与联系、实施、系统与决策规则、组织背景与学习；Börjesson 和 Elmquist（2011）在 Lawson 和 Samson（2001）、O'Connor（2006）的基础上识别了创新能力的七要素：知识基础、探索、组织结构、技术开发、管理系统、价值观（规范）与战略。这些测度框架均从系统的角度研究企业的创新能力，尽管考虑较为周全，但其中的许多概念难以测度。而且，对中小企业而言，这样的系统测度也显得过于复杂。

4.2　中小企业创新能力测度框架

企业的创新能力体现为企业的创新性。Hurley 和 Hult（1998）将企业创新性定义为"企业对新思想的开放程度，即接受新思想的主动性"。多数文献主要从企业采取创新的速度快慢和企业采纳创新的数量多少这两个角度来衡量企业的创新性。回顾企业创新性的定义可以发现，创新性具有两层含义：个体思想上接受或采纳创新的时间程度和个体行动上接受或采纳创新的实践程度。前者体现个体对新生事物的思想开放性；后者体现个体对创新实践的探索行动。所以，企业创新能力就成为企业对创新思想与实践行动的快速响应程度，以及由此形成的商业化潜力。

小企业的创新在更大程度上依赖于它们对变化趋势指标的专业感知、利于创新的组织结构和灵活的商业模式。也就是说，中小企业的创新能力更多地体现在灵敏的创新机会感知能力、敏捷的实施能力和商业化能力，体现在其创新效能。从创新流程的角度看，创新流程始于源自相关问题的创意的产生，在创意得到成功实施时结束（Brem and Voigt，2009）。创新流程总体上可分成模糊前端、新产品开发和商业化三阶段（Alves et al.，2007）。模糊前端包括机会识别、机会分析、创意产生、创意选择与概念开发（Koen et al.，2001）。相对于后期的产品开发流程，模糊前端的创意创造阶段是廉价的，但对创新产出的最大化却具有深远的意义（Alves et al.，2007）。本书将这一阶段定义为机会感知阶段，同时将企业创新能力按创新流程划分为机会识别能力、创新实现能力和商业化能力。

4.2.1 企业的机会识别能力

机会识别能力指通过不同途径识别并开发市场机会的能力。有关机会感知与识别的文献主要分布于创新模糊前端研究和创业机会研究两大领域。创新模糊前端研究中，概念开发模型（Koen et al.，2001）定义了创新前端的关键组成部分及其相应关系；创业机会研究则判别了机会识别中的子流程与关键要素。

机会识别由三个不同的子流程组成（Ardichvili et al.，2003）：感知、发现和商业概念的创造，其间伴随着对机会的不断质疑与评价。感知是对未满足的市场需求和未充分配置的资源的识别，这些机会可以被那些具有机警性的个体识别（García-Cabrera et al.，2009）；发现阶段通过分析现行的资源–产品或服务市场的供应状况，调查其效能或市场价值，产生满足市场需求的新的潜在组合；商业概念创造阶段对应于识别满足市场需求的最佳解决方案。在机会识别的每一阶段都应该有评价。评价可以是正式的或非正式的。非正式的评价包括企业家与他人关于机会是否值得开发的对话。随着创意的开发和对其潜力的期望，更正式的可行性评价就开始了。

在新概念开发模型中，新概念开发的关键组成部分包括：机会识别、机会分析、创意产生、创意选择与概念开发五个要素。五要素的驱动力量是创新引擎。创新引擎受领导和企业文化激发，其中的关键是高管的支持。就像鱼儿离不开水，支持性的氛围是创新模糊前端高效的基础。创新模糊前端环境由组织能力、业务战略、外部世界如渠道、顾客和竞争对手以及能利用到的科学知识组成。整个创新流程需要与业务战略相一致。只有在创新模糊前端的活动与组织能力相一致，产品开发才能取得持续成功。理解科学和技术是创新模糊前端的促进因素也很关键，因为技术进步往往建立在早期成就基础上。这些影响要素不断作用于人们的思想，是新创意突然涌现的主要原因。

机会的出现需要基于企业家对环境力量的感知、解释与理解。机会认知就是感知和认识到机会。Sarasvathy 等（2016）认为，机会就是为实现预定目标而利用现有资源的一种可能性。每个人都有发现机会的可能，但鉴于个体之间在关注点、机会警觉意识和能力方面的不同，形成了不同的信息选择性过滤以及信息获取的难易度差异。最终导致机会只能被一部分人捕捉（唐靖等，2007）。机会具有三大特征（Baron，2006）：潜在经济价值（如产生利润的能力）、新颖性（如以前不存在的产品、服务或技术）和感知到的期望（如社会对新产品或服务的接受能力）。机会的创造内生于想象和美好未来创造的交互活动中，是感知到的尚未被他人利用的能产生经济价值的方式。机会识别是与技术领域高度相关的一种技能，有一大部分产品创新是将一个业务领域的低价值技术转移到另一领域而成为高价值技术。企业家利用他们从以往经验获得的认知框架来感知看来似乎不相关的事件与趋势，从而产生新产品或新服务创意（Baron，2006）。机会识别中的三个基本要素是：对机会的积极搜索、对机会的机警性、行业或市场的前期知识。机会搜索、机警性和前期知识三要素可能是相互关联的（Ardichvili et al.，2003）。

机警性指对变化状况或趋势的可能性的警觉（Kirzner，1985），指当机会从技术、市场、政策、竞争变化中出现时识别机会的能力，即个体在概念构思、机会开发和实施上直觉的作用（Park，2005），是成功机会识别的必要条件（Ardichvili et al.，2003）。创新者个人一旦意识到所识别的问题值得钻研时，就会学习如何构建与重构问题，并改进工艺。

对机警性的理解，首先需要理解信息与知识的关系。知识与信息具有独特的结构。信息是消息的流动，具有创造新知识、增加或转换现行知识的潜力；而知识需要有人理解，知识正是通过信息的流动得以组织和创造，它附着于所有者的信仰与承诺之中（Nonaka，1994）。也就是说，知识通过个体流动并停留于个体。适当的认知结构能帮助特定人员感知新兴事件与趋势间的联系，从而将一系列外部要素组合成一个有意义的样本范式，产生新的商业机会。认知科学研究显示，人们将现有概念与信息组合成新创意的能力是不同的（Shane and Venkataraman，2000）。每个人的异质性知识所创造的知识范围使其能识别特定的机会。人们发现机遇是因为他们所拥有的知识与经验触发了他们对新信息价值的识别（Shane and Eckhardt，2003）。一个人业已拥有的市场机遇信息能帮助他建构出一个良好的认识结构，有效地解释和组织各类信息，以影响其推断、解释和应用新信息的方式，发现隐藏着的事件或趋势间的关联性。因此可以这么说，是个体对复杂的、明显不相关事件的感知过程或识别模式导致了机会的识别。只有在其前期知识与经验基础上能识别出新信息价值时，企业家才能识别出机会（Baron，2006）。所以，成功的企业家看到了机会，而相同环境中的其他人看到了风险。先期知识包括专业兴趣和行业知识，如市场知识、客户问题知识、有关客户服务方法的知识等（Ardichvili et al.，2003）。Shane（2000）发现，前期知识的三个维度对高技术背景企业的发现过程很重要：先期市场知识、服务市场方式的先期知识和客户问题的先期知识。一项技术的新信息可能与个体对特定市场运作的先期信息互补。

4.2.2 企业的创新实现能力

创新实现能力指企业实施创意的能力，包括创新投入能力、战略能力、组织管理能力。创新投入指企业的创新输入，包括人、机器、工具与资金。人的因素包括创新企业的员工数量和质量，与员工的技能、经验、教育和创新倾向有关。一方面，具有高的教育层次与自我激励的成员可以提高研发团队的效率；另一方面，创新群体应该由具有不同特征的成员组成，合作关系中技能与经验的多元化可以促进创新并为创新成果增添重要的价值。因此，具有不同背景的、拥有更高教育成就的人与团队的高创新性相关。至于企业对创新的机器、工具与资金投入，可以归结为有形的资本投入。鉴于中小企业在创新投入上的分散性而导致其总体投入难以测度，可将企业规模和企业创新投入倾向作为替代性指标。企业规模意即企业的创新投入能力，而创新投入倾向意即企业的创新投入意愿。企业的投入能力和投入意愿的乘积即为企业的总体创新投入。这一观点得到前人有关企业规模与创新关系研究的支持（Richard et al.，2004）：企业大小与财富是较强的创新指标，企业规模导致的组织特征会引起创新，可将资源看成克服创新障碍的工具。

创新性企业不断寻求新产品和市场机会的利用、识别新兴趋势并试图让自己处于创新前沿。对这类企业而言，员工参与是实施创新战略的关键，灵活性要比效能重要得多。创新企业关注员工创造力和识别新颖机会的能力、强调员工对新思维的理解能力、强调个人的学习与发展为企业注入新创意。企业人员中个体创新性所得报酬，在企业整体层次上可以被理解成企业对卓越的尝试程度。所以企业的创新投入倾向可通过企业对人力资源的投入与利用来测度。

战略能力指企业根据愿景与使命构建计划并调整实施计划的能力。战略能力由三方面构成：冒险、前瞻性、坚持创新承诺，包括组织高层对创新的责任、对创新方向的说明与沟通。冒险倾向是面对风险、机会与承受失败的意愿。企业的冒险倾向一定程度上受到高管冒险倾向的左右。

具有长期战略眼光的企业比具有短期眼光的企业更具创新性。从战略领导的角度看高管行为所具有的影响力，那些对于未来运作和组织变化与创造力方面具有清晰愿景的首席执行官们极可能促进创新的发生：高管对创新愿景的开发与沟通、对变化具有宽容的态度和负责在组织内进行创新竞赛都可能激发创新。Adams等（2006）认为，新产品效能主要取决于高管所采用的策略，其关键是战略导向：通过强烈的愿景和明确的、长期致力于创新的资源配置，在创新战略与总体商业目标之间建立联系，并运用领导力促进创新发生。

组织管理能力指企业在保障组织运营机制、培育组织文化和实施良好管理实践方面的能力，涉及运作效能与创新效能两个方面。其中的关键要素包括专业化分工与整合、命令链、授权、正式化、管理跨度与组织层次（陈劲，2010）。组织管理能力的研究聚焦于创新企业与非创新企业在文化与结构上的差异。工作环境要素可影响企业的创造性与创新行为。传统的组织管理关注企业的运作效能，而二元组织同时关注运作与创新效能。如传统管理关注的集权化与规范化与创新效能负相关，因为规则与流程的僵化可能阻止企业决策者对新信息源的寻求。Shepard 把二元组织的两种状态描述成松散与紧密之间的组织控制，Mitroff 又把它描述成常态业务与非常态业务（Adams et al.，2006）。这意味着企业一方面要能够为创造性探索提供足够自由，同时还要对创新管理有效性与运作效能进行有效控制。

企业的创新文化决定了企业的沟通行为、领导行为和激励行为。组织氛围研究强调了管理意识与意愿、创新策略的实施两种能力（Björkdahl and Börjesson，2011）。所以，组织氛围在很大程度上决定了组织的文化能力。

企业的氛围由体现企业生命特征的行为、态度、感觉的重复方式构成（Isaksen and Lauer，2010）。个人层次的氛围指基于个体感知的心理背景。组织层次的氛围以组织的共享和感知为特征。组织氛围通过调节组织流程如决策、群体解决问题、协作、沟通和控制，影响个体心理过程如意愿、个人问题解决、激励、创造力与学习来影响组织效能，同时，这些心理过程又会反过来影响组织氛围和组织生产力，创造性氛围促进关于新产品与服务、新流程与工作方式的思考、产生和使用（Isaksen and Lauer，2010）。实证显示，具有高度创造性氛围的企业能产生更多创新（袁林等，2015）。团队氛围清单（team climate inventory，TCI）将创新氛围归结为参与安全性、创新支持、愿景和任务导向四大要素（Anderson and West，1998）。

参与安全性指在团队决策程序上的参与程度及团队成员在提出新的改进方式时的心理安全感。高层次的参与安全性促进创新（万文海和刘龙均，2019）。参与安全性属于非判断性的、支持性的，具有社会情感凝聚力特征。Geisler（1995）将企业对员工的吸引力是作为谋生场所还是从事创新活动场所作为创新氛围的一个指标。Keller（1986）则用群体凝聚力来表示参与安全性。创新支持指在实践中高管对创新尝试的支持程度。愿景指团队目标是否清晰明确、可共享、可实现，并反映价值，共享的愿景能够促进新创意的开发。愿景是创新各阶段有预测力成果的唯一潜在要素，而创新质量在一定程度上是愿景的函数（Anderson and West，1998），通常用运作决策自由度或授权程度测度（陈劲，2010）。任务导向指团队对实现最高可能效能标准的奉献，包括使用建设性的进程监控流程。Cohen 和 Levinthal（1990）认为，跨部门观点的共享能帮助创新，内部沟通可以促进创意在企业内的传播，提高多样性，并对营造良好的团队氛围做出贡献。

4.2.3 企业的商业化能力

商业化意即将创新带进市场，包括市场分析与监测、接触顾客与市场规划以及市场销售等内容（Chakravorti，2004）。可将商业化看成是企业的一个转换阶段，这时候的企业较少依赖于技术能力，更多地依赖于市场动力。通常用一定时期内进入市场的新产品数量来测度企业的商业化能力，但这一指标明显忽视了企业的商业化效能。市场投放精度（销售力、渠道与促销支持）的测度（Song and Parry，1997；Avlonitis et al.，2001）直接关注企业在产品商业化领域的适当性。Hultink 和 Langerak（2002）调查了成功的消费产品与中间产品的市场投放决策，而许多文献将市场投放与商业化从接受者的角度进行研究，并对其被接受的比率与创新传播率进行评估。

4.3 中小企业创新能力指标问卷的形成

在测度框架基础上，我们首先搜索最适合的成熟量表。因为问卷本身的质量将直接影响参与者在填写问卷时的态度与行为，而在文献中占有显著地位的量表一般具有较高的信度和效度，所以在设计问卷时首先需要考虑的是沿用现有的量表。本书也直接使用具有高信度的成熟量表，如 Chandler 和 Jansen（1992）的机会识别能力量表、Jaworski 和 Kohli（1993）市场导向量表中的高管冒险倾向量表。有些概念在国际上具有多个近似量表，如企业创新文化。与创新文化概念相似的经典量表有 Hurley 和 Hult（1998）的民主决策量表、Jaworski 和 Kohli（1993）的市场导向量表中的部门间联系量表、Björkdahl 和 Börjesson（2011）的创造性氛围问卷、Leskovar-Spacapan 和 Bastic（2007）的企业文化量表。鉴于我国制造业中小企业与这些量表在开发时存在的背景差异，因而我们先对这些量表进行内容分析。三位浙江大学管理学博士分别对这些条目进行分类整理，各自先找出需要保留的条目。研究中暂时保留有 2 人以上认为需要保留的条目，然后对其他条目展开保留或不保留讨论，从中找出有必要保留的一些条目。在此基础上，邀请 2 位管理学博士生导师共同参与对保留下来的每一条目的内涵与外延、内容效度、文字表述方面的讨论，整理出初步的量表条目。然后就这些条目对 9 位制造业中中层以上管理人员进行单独访谈，征求他们的意见。这 9 名管理人员中 2 人为研发经理、1 人为生产经理、3 人为营销经理、1 人为人事经理、2 人为董事兼总经理。在此基础上，对测度量表中的部分用词与提问方式做出了调整，形成试调研问卷。接下来，对 15 家制造企业做了试调研，并在试调研基础上，对问卷中存在问题的某些提问方式做了一定微调，才形成问卷指标。

形成的企业创新文化题项如下：鼓励员工考虑将来的业务机会；对创新战略的清晰表达；鼓励创新与冒险，愿意为失败承担责任；认为对冲突与新思维的容忍能促进创新；有对创意的技术可行性提供反馈的非正式网络；员工的创新建议会得到评估；新颖的创意会在运作中得到快速采纳；对创意的跨部门协作支持；进行创新尝试失败的员工总是会得到第二次机会；不同部门的员工有大量的非正式交谈机会；管理人员愿意共享权力，有一起工作的氛围；经常分析成功的经验并进行广泛的学习交流。

本书中，我们用企业规模和企业创新投入倾向作为中小企业创新投入的替代性指标。根据我国中小企业的划分标准，从业人员在 1000 人以下或营业收入 4 亿元以下的工业企业为中小微型企业。其中，从业人员 300 人及以上，且营业收入 2000 万元及以上的为中型企业；从业人员 20 人及以上，且营业收入 300 万元及以上的为小型企业；从业人员 20 人以下或营业收入 300 万元以下的为微型企业。鉴于中型工业企业的实力差距巨大，这里将其分成中偏小和中偏大两类。我们用企业对人力资源的投入与利用来测度创新投入倾向。结合 Romijn 和 Albaladejo（2002）的企业内部能力测度中的人力资源能力指标、企业技术投入指标和 Freel（2005）的企业人力资源能力指标，用企业对管理人员和工程师的培训、对生产工人的培训、派送优秀员工外出学习、聘请外部专业人员指导工作、向其他行业学习最佳实践、购买新的仪器设备、考虑管理者和工程师的时间、新技术创意在员工间的传播、对员工致力于新创意的激励来测度企业的创新投入倾向。

机会识别能力维度指标由 Chandler 和 Jansen（1992）开发，经 Chandler 和 Hanks（1994）实证检验的 α 系数为 0.70，唐靖和姜彦福（2008）也使用该量表测度创业者的机会识别能力。量表测度企业家三个方面的能力强度：准确感知和识别到消费者没有被满足的需要；花费大量的时间和精力去寻找可以给消费者带来真正有价值的产品或服务；捕获到高质量的商业机会。

战略能力由企业的冒险倾向、前瞻性与创新承诺组成。企业的冒险倾向一定程度上受到高管冒险倾向的左右，这一现象在中小企业表现得更为强烈。所以本书中将高管冒险倾向作为企业冒险倾向的替代性指标。高管冒险倾向采用 Jaworski 和 Kohli（1993）的企业市场导向量表中的高管冒险性量表。量表测度企业高管在 6 个问题上的强度：高管认为高财务风险对于高回报来说是值得的、高管接受偶尔的创新产品失败是正常现象、高管敢冒大的财务风险、高管鼓励创新开发且知道有些会失败、高管喜欢安全地运作、高管只喜欢实施具有确定性的计划。

对于前瞻性与创新承诺指标，本书在 Hurley 和 Hult（1998）的企业战略计划测度指标与贺小刚和李新春（2005）在 Man 等（2002）基础上开发的企业家战略能力维度指标的基础上，采用与创新文化测度指标相同的处理方法步骤，确定了如下题项：考虑到将来趋势并提出良好的愿景、准确地对企业在市场中的地位进行再定位、能够制定适宜的战略目标与经营思路、聚焦于市场计划并帮助组织开发新的竞争能力、快速地增减业务活动以配合战略目标的实现。

对于组织管理能力指标，我们在 Chandler 和 Jansen（1992）的组织管理能力维度指标和 Richard 等（2004）技术创新能力量表中的组织结构指标的基础上，采用同样的方法步骤，确定了如下题项：领导会合理地将权力与责任委派给有能力的下属、制定合理的规章制度来规范员工的工作、企业的组织管理机构具有灵活性、市场销售部门与研发部门能够很好地交流、研发部门与制造部门能够很好地交流、公司能集中力量进行创新活动、公司能一直保持顺畅地运作。

本书以 Song 和 Parry（1997）的市场投放精度量表为基础，采用类似的方法步骤，确定了企业商业化能力的测度指标题项如下：公司对市场潜力、顾客偏好、购买流程进行充足的研究；公司在做商业化计划时进行良好的市场测试；公司能较好地识别产品的差异化诉求并依此展开销售；公司有充足的营销渠道；公司知道竞争对手对公司新产品可能的市场反应；公司新产品的销售量远远高于公司的其他产品；公司新产品的获利能力远远高于公司的其他产品。

4.4 调查对象和样本的确定

研究的质量受到所搜集数据的质量和数量的影响。为确保研究质量，我们在研究过程中对调查对象进行了较为严格的筛选。为提高研究结果的稳定性，选择了比较宽泛的行业样本选取范围，调查过程遵循的样本选择原则为：不论创新能力和所处行业范畴如何，只要求样本企业符合制造业中小企业范畴即可，所以样本所涉及行业较为广泛，涉及纺织服装、日用品制造、机电产品制造、金属加工、工业材料制造、化工产品制造、包装材料制造和其他制造行业。为确保调查问卷的有效性，研究中将调查对象确定为符合要求的中小制造企业的产品经理、营销经理或更高层面的经理人员。

为确保能顺利完成调研，研究中选择了具有丰富中小企业资源的浙江省和江苏省，以及具有一定社会资源的宁夏石嘴山市发放问卷，以提高问卷的回收率及有效性。样本企业主要来自浙江省的杭州、绍兴、宁波、嘉兴、海宁和江苏省部分地区，以及宁夏石嘴山市的少数企业。

4.5　探索性因素分析

4.5.1　总体说明

对于所形成的问卷指标，这里采用了利克特五分量表，在 2013 年 6 月到 10 月期间，选择我国中小企业活跃的浙江作为典型地区，面向制造业中小企业的产品经理、营销经理或高层经理人员发放问卷。问卷发放采用三种方式：对朋友圈符合调研对象的人员，通过电子邮件发放；通过浙江工业大学、浙江理工大学、浙江工商大学工商管理专业的老师向授课班级中符合调研对象要求的同学发放；通过直接随机拜访企业发放。第一种方式发放问卷 35 份，回收完整问卷 26 份；第二种方式发放问卷 120 份，回收完整问卷 87 份；第三种方式发放问卷 267 份，回收完整问卷 239 份。总计回收 352 份完整问卷，回收率为 83.4%。去除来自 1000 人以上的制造企业问卷 17 份，回收有效问卷 335 份。

4.5.2　样本构成

有效样本的构成状况如下：受访企业平均年龄 10.9 年，问卷填写人在本行业平均工作时间为 7 年。受访企业中，有小微企业 28 家、小企业 71 家、中偏小企业 119 家、中偏大企业 117 家。这些企业主要分布于浙江、江苏等地，所涉行业覆盖纺织服装、金属加工、化工、机电、工业材料、日用品等。

4.5.3　探索性因素分析结果

本节对样本进行了探索性因素分析，以检验量表的信度和效度。探索性因素分析遵循以下原则：①因子特征值大于 1；②KMO（Kaiser-Meyer-Olkin）指标大于 0.7；③各题项的因子载荷值大于 0.4；④不存在交叉载荷情况；⑤每个因子的题项数不少于 3 项；⑥因子对方差的总解释度大于 60%。

机会识别能力因素的探索性因素分析结果如下：KMO 指标为 0.837，α 系数为 0.883，因素能解释的总方差达 74.227%，表明了较好的信度和效度。具体如表 4.1、表 4.2 所示。

表 4.1　机会识别能力因素的 KMO 和 Bartlett 球形检验结果

KMO 和 Bartlett 球形检验		
取样足够度的 KMO 度量		0.837
Bartlett 球形检验	近似卡方	714.884
	df	6
	Sig.	0.000

表 4.2　机会识别能力因素解释的总方差

成分	初始特征值			提取平方和载入		
	合计	方差的%	累积%	合计	方差的%	累积%
1	2.969	74.227	74.227	2.969	74.227	74.227
2	0.412	10.304	84.530			
3	0.328	8.190	92.720			
4	0.291	7.280	100.000			

注：提取方法为主成分分析法

前瞻性与创新承诺因素的探索性因素分析结果如下：KMO 指标为 0.846，α 系数为 0.885，因素能解释的总方差达 68.720%，表明了较好的信度和效度。具体如表 4.3、表 4.4 所示。

表 4.3　前瞻性与创新承诺因素的 KMO 和 Bartlett 球形检验结果

取样足够度的 KMO 度量		0.846
Bartlett 球形检验	近似卡方	924.064
	df	10
	Sig.	0.000

表 4.4　前瞻性与创新承诺因素解释的总方差

成分	初始特征值			提取平方和载入		
	合计	方差的 %	累积 %	合计	方差的 %	累积 %
1	3.436	68.720	68.720	3.436	68.720	68.720
2	0.612	12.245	80.965			
3	0.390	7.799	88.764			
4	0.338	6.752	95.516			
5	0.224	4.484	100.000			

注：提取方法为主成分分析法

　　组织能力因素的探索性因素分析结果如下：KMO 指标为 0.919，α 系数为 0.917，因素能解释的总方差达 67.058%，表明了较好的信度和效度。具体如表 4.5、表 4.6 所示。

表 4.5　组织能力因素的 KMO 和 Bartlett 球形检验结果

取样足够度的 KMO 度量		0.919
Bartlett 球形检验	近似卡方	1472.743
	df	21
	Sig.	0.000

表 4.6　组织能力因素解释的总方差

成分	初始特征值			提取平方和载入		
	合计	方差的%	累积%	合计	方差的%	累积 %
1	4.694	67.058	67.058	4.694	67.058	67.058
2	0.560	8.007	75.065			
3	0.459	6.560	81.625			
4	0.398	5.681	87.306			
5	0.353	5.037	92.343			
6	0.313	4.478	96.821			
7	0.223	3.179	100.000			

注：提取方法为主成分分析法

　　商业化能力因素的探索性因素分析结果如下：KMO 指标为 0.899，α 系数为 0.911，因素能解释的总方差达 65.654%，表明了较好的信度和效度。具体如表 4.7、表 4.8 所示。

表 4.7　商业化能力因素的 KMO 和 Bartlett 球形检验结果

取样足够度的 KMO 度量		0.899
Bartlett 球形检验	近似卡方	1513.704
	df	21
	Sig.	0.000

表 4.8 商业化能力因素解释的总方差

成分	初始特征值			提取平方和载入		
	合计	方差的%	累积%	合计	方差的%	累积%
1	4.596	65.654	65.654	4.596	65.654	65.654
2	0.806	11.517	77.171			
3	0.456	6.512	83.684			
4	0.359	5.135	88.818			
5	0.315	4.504	93.323			
6	0.241	3.441	96.764			
7	0.227	3.236	100.000			

注：提取方法为主成分分析法

在创新文化因素检验过程中，出现了交叉载荷的情况，表 4.9 显示的是未删除 IC6 题项时出现交叉载荷的结果。

表 4.9 未删除 IC6 题项时出现交叉载荷的结果

旋转成分矩阵 [a]

题项	成分	
	1	2
鼓励员工考虑将来的业务机会 IC1	0.228	0.815
对创新战略的清晰表达 IC2	0.285	0.802
鼓励创新与冒险，愿意为失败承担责任 IC3	0.359	0.741
认为对冲突与新思想的容忍能促进创新 IC4	0.377	0.750
有对创意的技术可行性提供反馈的非正式网络 IC5	0.458	0.623
员工的创新建议会得到评估 IC6	0.541	0.590
新颖的创意会在运作中得到快速采纳 IC7	0.618	0.385
对创意的跨部门协作支持 IC8	0.693	0.432
进行创新尝试失败的员工总能得到第二次机会 IC9	0.689	0.359
不同部门的员工有大量的非正式交谈机会 IC10	0.715	0.296
管理人员愿意共享权力，有一起工作的氛围 IC11	0.816	0.182
经常分析成功的经验并进行广泛的学习交流 IC12	0.712	0.329

注：提取方法为主成分分析法；旋转法（具有 Kaiser 标准化的正交旋转法）。a 在 3 次旋转后迭代收敛

我们因此删除了一个项目 IC6，保留了 11 个项目。表 4.10 是删除 IC6 后的旋

转成分矩阵。

表 4.10　删除 IC6 后的旋转成分矩阵 [a]

题项	成分	
	1	2
鼓励员工考虑将来的业务机会 IC1	0.235	0.822
对创新战略的清晰表达 IC2	0.293	0.801
鼓励创新与冒险，愿意为失败承担责任 IC3	0.368	0.741
认为对冲突与新思想的容忍能促进创新 IC4	0.388	0.750
有对创意的技术可行性提供反馈的非正式网络 IC5	0.469	0.611
新颖的创意会在运作中得到快速采纳 IC7	0.622	0.369
对创意的跨部门协作支持 IC8	0.693	0.426
进行创新尝试失败的员工总能得到第二次机会 IC9	0.690	0.360
不同部门的员工有大量的非正式交谈机会 IC10	0.714	0.298
管理人员愿意共享权力，有一起工作的氛围 IC11	0.822	0.185
经常分析成功的经验并进行广泛的学习交流 IC12	0.716	0.331

注：提取方法为主成分分析法；旋转法（具有 Kaiser 标准化的正交旋转法）。a 在 3 次旋转后迭代收敛

删除 IC6 后的 KMO 和 Bartlett 球形检验指标见表 4.11。

表 4.11　删除 IC6 后的 KMO 和 Bartlett 球形检验指标

取样足够度的 KMO 度量		0.914
Bartlett 球形检验	近似卡方	2194.296
	df	55
	Sig.	0.000

删除 IC6 后解释的总方差见表 4.12。

表 4.12　删除 IC6 后解释的总方差

成分	初始特征值			提取平方和载入			旋转平方和载入		
	合计	方差的%	累积%	合计	方差的%	累积%	合计	方差的%	累积%
1	6.239	56.721	56.721	6.239	56.721	56.721	3.688	33.527	33.527
2	0.930	8.453	65.174	0.930	8.453	65.174	3.481	31.646	65.173
3	0.748	6.803	71.976						

成分	初始特征值			提取平方和载入			旋转平方和载入		
	合计	方差的%	累积%	合计	方差的%	累积%	合计	方差的%	累积%
4	0.694	6.308	78.284						
5	0.481	4.374	82.658						
6	0.426	3.870	86.528						
7	0.393	3.574	90.102						
8	0.321	2.921	93.024						
9	0.313	2.845	95.868						
10	0.239	2.173	98.042						
11	0.215	1.958	100.000						

注：提取方法为主成分分析法

创新文化因素的检验结果：KMO 指标为 0.914，总 α 系数为 0.923，因素能解释的总方差达 65.173%。保留的题项中有 5 项属于新命名的"体制性文化"因素，有 6 项属于新命名的"创新氛围"因素，两新因素的 α 系数分别为 0.882 和 0.874，因素能解释的总方差达 65.173%。表明了良好的信度和效度。尽管 IC5 和 IC8 的因子载荷有轻微交叉现象，但是两个题项在因素 1 和因素 2 间的因子载荷差分别为 0.142 和 0.267，属于可接受范畴。创新文化因素的探索性因素分析结果见表 4.13。

表 4.13 创新文化因素的探索性因素分析结果

题项	因素 1：体制性文化	因素 2：创新氛围
鼓励员工考虑将来的业务机会 IC1	0.822	
对创新战略的清晰表达 IC2	0.801	
鼓励创新与冒险，愿意为失败承担责任 IC3	0.741	
认为对冲突与新思想的容忍能促进创新 IC4	0.750	
有对创意的技术可行性提供反馈的非正式网络 IC5	0.611	
新颖的创意会在运作中得到快速采纳 IC6		0.622
对创意的跨部门协作支持 IC7		0.693
进行创新尝试失败的员工总能得到第二次机会 IC8		0.690
不同部门的员工有大量的非正式交谈机会 IC9		0.714
管理人员愿意共享权力，有一起工作的氛围 IC10		0.822
经常分析成功的经验并进行广泛的学习交流 IC11		0.716

题项	因素 1：体制性文化	因素 2：创新氛围
对总方差的解释力/%	33.527	31.646
信度	0.882	0.874

注：$N=335$，采用主成分分析法萃取因子，方差极大正交旋转；除 IC5 和 IC8，其他未显示的因子载荷均在 0.4 以下

4.6　结果讨论

企业的创新能力代表着企业的发展潜力，是企业持续发展的基础。以往文献多数局限于技术创新能力的投入和产出测度，很少有人将企业的整体创新能力作为研究对象。中小企业创新能力测度指标体系的确定，在为进一步的研究发展打下基础的同时，也在一定程度上对创新研究的薄弱环节做出了有效补充。从实践角度看，中小企业可通过本章提出的测度指标进行自我测度，并在测度过程中找出可能的提升路径。

这里不可避免地存在一定的局限性。首先，为了能综合反映企业整体层次的创新能力，使测度框架能同时包含企业的创新效率和创新效能，因现实中不存在符合要求的客观性指标，所以测度的多为主观性指标。其次，研究框架的检验对象主要为地处江浙的制造业中小企业，为这一测度指标带来一定程度上的行业与地域适用性问题。

5 企业互动学习与创新能力关系模型构建

我们已通过第 3 章的探索性案例分析，提出了企业互动学习与创新能力关系的初始假设，初步得出了企业互动创新与创新能力关系模型。企业互动创新的关键要素包括企业与外部机构的互动学习、企业的吸收能力和创新能力。企业在四个互动学习界面与外部机构的互动学习，构成企业总体的互动学习。企业的吸收能力由员工能力和企业对员工的能力激励机制构成。企业创新能力则由企业的机会识别能力、创新实现能力、商业化能力构成。本章将通过对这三个关键要素之间的关系分析，提出假设命题，构建模型。

5.1 互动学习与创新能力

互动学习是一个学习和激发灵感的过程,把学习同时看作适应与能力的构建。一方面，企业通过与外部组织的互动和交换获得信息、资源与技能，实现创新知识的累积；另一方面，在互动学习过程中，来自不同组织的知识通过个体间的动态互动进行组合。另外，与外部思想的联结，还可引发创造独特的、有吸引力的价值主张。互动与知识共享能促进信任、激发价值创造、帮助企业克服创新开发中的交换黏性，降低创新成本和不确定层次，提升企业的创新能力。

研究发现，创新企业比非创新企业在外部创意源、信息与技术方面存在更频繁的互动（Landry and Amara，1998）。创新联系不仅能促进创新，企业还能从一些联系中发展新的、多元化的联系。与外部企业在某一领域的合作互动能使企业发现获取其他多元信息与创意的必要性。同时，企业从一个领域的合作获取的经验可用于提升企业与其他伙伴合作的能力，进而与更多元化的伙伴进行合作。企业因而提升与其他企业互动学习的能力，并随着时间的推移而做得更好。Rosenkopf 和 Nerkar

（2001）的组织边界和技术边界搜索跨度研究发现，搜索流程不跨越组织边界的企业在随后的技术演进中的作用相对较低，搜索流程跨越了组织和技术边界的探索性搜索在随后的技术演进中的作用影响最大。国内学者研究发现，组织学习是企业创新能力提升与跃迁的关键因素（冯军政等 2013；邓小翔和丘缅，2016；吴晓波等，2018），组织学习在异质性知识与创新绩效之间起中介作用（郭尉，2016），多元化的知识结构可通过影响企业知识结构与市场需求结构的匹配性提升企业的创新能力（王元地等，2012）。

Ariffin（2000）根据企业间联系性质将企业与外部组织的关系划分成关注市场交易的联系和关注知识流与学习的联系。关注市场交易的联系是企业在现有生产能力下的产品销售，不涉及能力增强要素。而关注知识流与学习的联系可分为生产学习联系、创新学习和以创新为中心的联系。《奥斯陆手册》将创新企业与外部知识的联系分成三类（OECD and EUROSTAT，2005）：公开信息来源（提供了无须购买的技术和知识产权的公开可用信息）、知识与技术的获取（购买外部知识或固化了新知识或新技术的资本品和服务，如设备、软件等）、创新合作（与其他企业或研究机构合作进行创新活动），这三类联系都依赖于和外部市场与商业活动、知识研究与服务机构以及公开信息源的互动。

互动学习可以发生在技术知识与市场知识的收集过程中，也可以发生在为获取不同的其他输入补充内部学习流程过程中，如外部员工培训、零配件、咨询服务、研发资助等（OECD and EUROSTAT，2005）。与供应商、用户、公共支持机构、基金等的互动可以为企业的学习过程提供企业本身不容易提供的缺失的外部输入。研究显示，创新企业与非商业系统的联系比商业活动更能促进创新（OECD and EUROSTAT，2005）：跨越企业边界进入科学领域，特别是企业创新伙伴的多元性和各自的创新促进因素，会将企业引入更高层次创新。

众多研究证实了与知识生产机构的互动学习对企业创新的重要性。如 Kaufmann 和 Tödtling（2001）、蔡翔和赵娟（2019）研究指出企业与大学的合作是推动企业创新，提升企业创新能力的重要因素。Fritsch 和 Franke（2004）的研究认为企业同科研机构的联结有利于企业开展研发活动、提升企业创新能力并加速专利产出。Massa 和 Testa（2008）指出了企业与中介机构网络联结对于创新溢出与绩效提升会产生重要影响。知识中介机构是连接创新企业和外部参与者的界面单元，它们促进技术合作、信息与技术转移。创新企业与外部中介机构的互动，能增强创新企业对外部知识与能力的意识，进而增强企业对外部能力的监控。创新企业在这些知识中介中寻求创新概念、构建流程、识别并学习先进技术与市场信息、获取财务、法律和保险等服务。

供应商为创新企业带来材料、配件、系统的新技术；与其他企业共享供应商，则为创新企业带来互补性技能的同时解决界面问题（Ritter and Gemünden，2003）。

制造商与原材料、配件供应商在技术知识和能力方面互补性的结合，可以进一步引发在早期阶段对多种思想的评估，大大缩短新产品开发时间和产品交付周期；互动合作带来的技术和信息共享，有助于筛选出更为合适的方案，降低设计失误的可能性而减少开发成本并提高产品质量；供应商的参与还有助于提高创新企业的市场适应能力，从而降低风险。与设备供应商、软件供应商的互动学习，能为创新企业带来非专业领域的最新资讯并提供采购依据。

与行业中的非竞争对手、商业服务供应商、集团公司的其他公司之间的互动，则可以为创新企业带来运作流程、新产品技术以及市场方面的新的信息与咨询建议，有利于企业做出有根据的改进决策并快速生产出有吸引力的、竞争力的差异化产品，同时还能发挥来自产品设计、最佳实践与经验的杠杆效应。对创新企业而言，竞争性信息可以触发创新性思想，如参加商品交易会，除有利于企业了解市场行情，捕捉市场动态，积极把握市场机遇之外，还能开阔企业思路、触发企业将市场竞争性产品和非竞争性产品创意与企业能力结合，催生出符合市场趋势的新产品。

大量证据表明，创新企业成功与失败之间的明显界线在于"对用户需求的理解"。与作为客户的渠道商的互动，可帮助企业收集竞争对手信息，帮助企业在变化的需求与创新决策间权衡；与采购商的互动能帮助企业定义新的需求、新产品的参照功能以及解决市场认同和实施方面的问题（Ritter and Gemünden，2003）。同时，用户也是重要的隐性知识源，特别是在产品的使用与设计方面，可能对企业内部专家的知识产生补充作用。有时，用户会在第一时间察觉新技术的应用潜力。个别用户常常通过专注特定特征而具有改进未来产品设计的专业知识或能指出设计缺陷，而有远见的用户常常能预见到新技术的应用潜力并展开初步的开发活动。用户中的领先用户群体则具有提出创意、概念化并进行开发的能力。领先用户能为用户的新产品需求提供早期见解，而市场上其他参与者要几个月或几年后才会碰到（von Hippel，2005）。他们往往对特定趋势下的未来产品具有更现实的体验，因而比大宗市场更早感知特定需求，对满足自己需求的解决方案也具有更高的期望（Payne et al.，2008）。当创新企业与用户存在较强的协作关系时，用户可能与企业共享他们对未来服务期望方面的知识（Vargo and Lusch，2004）。用户对产品缺陷的解决方案与信号影响生产商创新努力的方向，因为这对生产商而言是产品的可得性和改进机会信息。

通过上述分析，提出如下命题假设。

命题 1：企业与外部组织的互动学习对企业的创新能力有正向影响。

子命题 1a：企业与外部组织的互动学习对企业的机会识别能力有正向影响。

子命题 1b：企业与外部组织的互动学习对企业的创新实现能力有正向影响。

子命题 1c：企业与外部组织的互动学习对企业的商业化能力有正向影响。

企业互动学习与创新能力关系假设具体如图 5.1 所示。

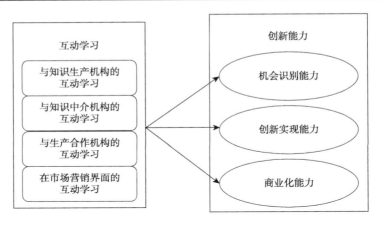

图 5.1　企业互动学习与创新能力关系假设

5.2　互动学习与吸收能力

　　企业与外部主体的互动决定了其多样性资源通道，而学习促进企业对外部知识的吸收和利用。创新企业所需要的、分布于不同地区和不同组织机构的异质性资源需要通过互动激活，才能实现共享、转化和吸收利用。互动学习关注企业与外部伙伴建立联系通道并利用其知识的过程，隐含着企业（客户、供应商、竞争对手）、研究性组织（大学、其他公共和私立研究机构）和公共机构（技术转移中心、开发机构）等经济体间的互动与知识流动（OECD and EUROSTAT，2005）。互动学习一方面是对所伴随信息的学习，另一方面是对信息的反馈。从人类认知的角度看，个体吸收知识的能力受到本人已经拥有的知识基础、知识关联能力以及从知识网络获取他人知识的便利性等因素的影响。首先，学习能改变一个人的知识基础。其次，鉴于不同背景人员心智模式存在差异，他们的知识关联能力也存在差异。创新企业与供应商和外部相关者之间正式与非正式的交换和知识的共享，使具有不同背景和心智模式的群体实现互动，无疑会在对信息的学习和反馈过程中增强他们的知识关联能力，促进他们对外部知识的评价、探索与吸收利用。通常，互动企业间知识双向交换的程度嵌入在决定其双向学习的正式关系中（Meeus et al.，2001a）。创新企业与供应商、用户、公共支持机构的互动可以为企业的学习过程提供企业本身不容易提供的缺失的外部输入。现有知识基础通过增强搜索能力、识别与表达问题的能力来加强与外部知识的互动，从而提高企业为解决问题消化吸收新知识的能力。研究发现，基于吸收能力的组织学习正向影响企业的创新绩效（林春培和张振刚，2017），具有高层次吸收能力的企业表现出更高的内部技术能力，能利用更多联盟，并与联盟伙伴进行更有效的沟通（Rothaermel and Hill，2005）。企业员工通过与其他员工的互动能增强他们学习新知识的能力（Liao et al.，2007）。管理者可通过向组织内潜在接受者提供信息来提升企业的吸收能力（Lenox and King，2004）。

互动学习能通过促进信任、激发价值创造、帮助克服知识交换黏性来提升企业的内部知识处理能力和外部知识探索能力，进而将嵌入在设备、配件、软件甚至是新业务方案中的地方知识转换成常规性知识（Lundvall，2006）。

通过上述分析，提出了如下命题假设。

命题2：企业与外部组织的互动学习对企业的吸收能力有正向影响。

子命题2a：企业与外部组织的互动学习对企业的潜在吸收能力有正向影响。

子命题2b：企业与外部组织的互动学习对企业的现实吸收能力有正向影响。

企业互动学习与吸收能力关系假设具体如图5.2所示。

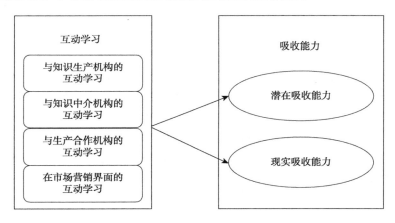

图5.2　企业互动学习与吸收能力关系假设

5.3　吸收能力与创新能力

学习认知结构理论中的记忆开发研究认为，先期累积的知识一方面增强了对新知识的记忆能力，另一方面也增强了回忆与使用的能力。通过内外部获取技术，企业在扩展知识基础范畴的同时，还能增强知识基础应用能力，最终推动企业创新能力的提升。一方面，先期知识中与新知识密切相关的部分能促进消化吸收，积聚的吸收能力使今后的能力积聚更有效；另一方面，在具备了一定吸收能力后，企业就为利用关键外部知识做好了准备。另外，拥有相关专业知识使企业可以更好地理解与评估中间技术进步对新技术发展的意义。这样一来，在不确定的环境中，吸收能力就会影响信息预测能力，使企业更准确地预测技术进步的本质与商业潜力（Cohen and Levinthal，1990）。

吸收能力来自企业投资与知识积累的漫长过程，其发展有一种路径依赖。企业内部技术源为企业识别、消化吸收和应用技术建立了先期知识。而先期拥有的相关知识与技能可为企业带来以前未曾出现过的联系与连接。在企业拥有适当的吸收能力时，不仅会对所处技术环境中的机会更敏感，还能通过内外部知识的组合，更前瞻性地利用这些机会（Cohen and Levinthal，1990）。相关研究认为，吸收能力使企业能识别并评价企业外部的新知识，消化吸收新知识并将其整合到企业的现行知识中去（Rothaermel and Alexandre，2009）。拥有吸收能力的企业能评价更多外部知识、理解所有细节、改进并整合到企业流程中（Martin and Salomon，2003）。林春培和张振刚（2017）的研究也证实，基于吸收能力的组织学习正向影响企业的创新绩效。因此我们认为，吸收能力强的企业可通过更有效地获取外部知识与知识通道而提升企业的创新能力。

通过上述分析，提出如下命题假设。

命题3：企业的吸收能力对创新能力有正向影响。

子命题3a1：企业的潜在吸收能力对企业的机会识别能力有正向影响。

子命题3a2：企业的潜在吸收能力对企业的创新实现能力有正向影响。

子命题3a3：企业的潜在吸收能力对企业的商业化能力有正向影响。

子命题3b1：企业的现实吸收能力对企业的机会识别能力有正向影响。

子命题3b2：企业的现实吸收能力对企业的创新实现能力有正向影响。

子命题3b3：企业的现实吸收能力对企业的商业化能力有正向影响。

企业吸收能力与创新能力关系假设如图5.3所示。

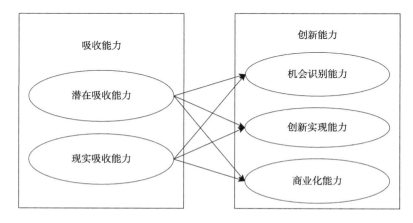

图5.3　企业吸收能力与创新能力关系假设

Cassiman 和 Veugelers（2000）发现了吸收能力的两个维度：为技术识别市场的能力和吸收所需技术的能力。第一个维度主要是识别外部环境的能力，涉及用户层次的技术和市场趋势知识（Arbussa and Coenders，2007）；第二个维度涉及将外部的、复杂的、非嵌入性的知识整合到与研发活动相关的企业活动中。企业的专业知识及其相应吸收能力越强，对技术机会的感知能力越强，其愿望层次就越可能对环境中的技术机会进行界定（Cohen and Levinthal，1990）。这么一来，具有高层次吸收能力的组织就越能前瞻性地利用机会。相反，不从事创新活动的企业，对外部环境中的机会就相对不敏感，它们对新技术利用的愿望层次就越低，反过来会影响它们的创新努力。

Nieto 和 Quevedo（2005）通过对 406 家西班牙制造企业的调查发现，吸收能力在很大程度上决定了创新努力，吸收能力在技术机会和创新努力间起调节作用。Rothaermel 和 Alexandre（2009）认为企业的吸收能力在企业搜索组合与效能间起正向调节作用。他们以美国制造企业为样本进行实证发现：高层次的吸收能力可使企业从技术搜索的二元性中更充分地获益。Escribano 等（2009）的研究发现：具有更高层次吸收能力的企业能更有效地管理知识流并刺激创新产出，企业的吸收能力在外部知识流对创新效能影响上具有正向调节作用。

通过上述分析，提出如下命题假设。

命题 4：企业的吸收能力在企业互动学习与企业创新能力关系中起正向调节作用。吸收能力越强，互动学习对企业创新能力的作用越强。

5.4 小   结

本节在第 3 章探索性案例分析的基础上，结合文献研究，提出了企业与外部机构的互动学习、企业的吸收能力和企业创新能力之间的关系假设，共四大假设命题（表 5.1）。

表 5.1 企业互动学习、吸收能力和创新能力关系假设汇总

研究假设
命题 1：企业与外部组织的互动学习对企业创新能力有正向影响
子命题 1a：企业与外部组织的互动学习对企业的机会识别能力有正向影响
子命题 1b：企业与外部组织的互动学习对企业的创新实现能力有正向影响
子命题 1c：企业与外部组织的互动学习对企业的商业化能力有正向影响
命题 2：企业与外部组织的互动学习对企业的吸收能力有正向影响
子命题 2a：企业与外部组织的互动学习对企业的潜在吸收能力有正向影响
子命题 2b：企业与外部组织的互动学习对企业的现实吸收能力有正向影响

研究假设
命题 3：企业的吸收能力对创新能力有正向影响
子命题 3a1：企业的潜在吸收能力对企业的机会识别能力有正向影响
子命题 3a2：企业的潜在吸收能力对企业的创新实现能力有正向影响
子命题 3a3：企业的潜在吸收能力对企业的商业化能力有正向影响
子命题 3b1：企业的现实吸收能力对企业的机会识别能力有正向影响
子命题 3b2：企业的现实吸收能力对企业的创新实现能力有正向影响
子命题 3b3：企业的现实吸收能力对企业的商业化能力有正向影响
命题 4：企业的吸收能力在企业互动学习与企业创新能力关系中起正向调节作用。吸收能力越强，互动学习对企业创新能力的作用越强

总结假设命题 1~假设命题 3，可以发现这三大假设其实就是假设企业吸收能力在互动学习和创新能力之间起中介作用（图 5.4）。

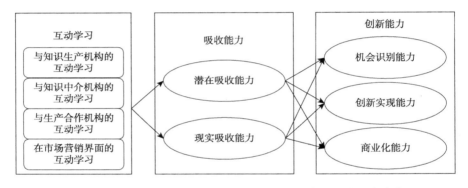

图 5.4　概念模型 1：企业吸收能力对互动学习和创新能力的中介作用

而假设命题 4 则显示，企业吸收能力对企业互动学习和企业创新能力起调节作用。由此形成概念模型 2（图 5.5）。

图 5.5　概念模型 2：企业吸收能力对互动学习和创新能力的调节作用

6 企业互动学习与创新能力提升机制实证研究

为了深入、有效地研究互动学习与创新能力提升关系机理，我们在理论推理和案例研究的基础上，进行了定量的实证研究来证实理论推理的正确性。为此，本章将从问卷调查、数据的验证性因素分析和结构方程建模三方面展开实证研究。

6.1 数据的收集与描述性统计

6.1.1 问卷的设计

鉴于问卷本身的质量将直接影响参与者在填写问卷时的态度与行为，所以本章首先需要对所调研的互动创新、吸收能力等概念做出明确的界定。其次，借鉴权威研究的理论构思，初步形成调查问卷。对于已在实证研究中广泛应用的具有成熟量表的概念，这里直接使用成熟测度指标；对于缺少成熟量表的部分概念，本章在理论研究基础上，尽量参考国际上的相似量表，再结合研究的实际需要和本国的文化及语言特点进行修改整合，以保持研究的一贯性、连续性和变量的内容效度。

绝大多数管理研究的问卷调查会经过小样本测试和大样本测试两个阶段。小样本测试的目的在于分析相关变量测度的有效性，以作为修改问卷内容的依据，从而得到精简的、有效的变量测度量表。在设计好量表后，我们对修改后的调查问卷进行了预测试，最终形成问卷指标。我们就这些条目对 12 名中小制造企业管理人员进行试调研。这 12 名人员的具体职务为：研发经理 3 人、生产经理 2 人、营销经理 3 人、人事经理 2 人、董事兼总经理 2 人。在此基础上，对部分用词和提问方式进行了调整，形成试调研问卷。

问卷的基本内容为：企业名称、企业成立时间、填表人在本企业的工作时间、企业的性质、目前的业务范围、员工数量、营业额、企业的互动学习、吸收能力和创新能力。

6.1.2　调查对象和样本量的确定

研究的质量受到所搜集数据的质量和数量的影响。为确保研究质量，研究中对调查对象进行了较为严格的筛选。为提高研究结果的稳定性，研究中选择了比较宽泛的行业样本选取范围，调查过程遵循的样本选择原则为：不论创新能力高低和所处行业范畴，只要求样本企业符合制造业中小企业范畴即可，所以样本所涉行业较为广泛，涉及纺织服装、日用品制造、机电产品制造、金属加工、工业材料制造、化工产品制造、包装材料制造和其他传统制造行业。为确保调查问卷的有效性，研究中将调查对象确定为符合要求的中小制造企业的产品经理、营销经理或更高层面的经理。

结构方程建模是本章验证主模型的主要分析方法。结构方程模型通常需要足够大的样本才能够保证正确的分析检验，大样本是结构方程模型的一个基本前提。只有在大样本条件下，模型拟合度的检验值才能近似卡方分布。如果样本规模太小，可能造成显著的统计结果，从而拒绝设定的模型，同时也可能出现错误的拟合结果。Gorsuch 认为，样本量的大小应保证测度题项与被试的比例在 1∶5 以上，最好达到 1∶10（黄芳铭，2005）；邱皓政（2003）指出，若要追求稳定的结构方程模型分析结果，低于 200 的样本数是不鼓励的；而 Boomsma 认为，400 个样本最为恰当（林嵩，2008）。

6.1.3　变量的度量

研究中所涉及的变量包括互动学习、吸收能力、创新能力以及企业规模（员工数）、年限、产业、产权性质等控制变量。变量的测量采用利克特五分量表打分法予以度量，数字评分 1~5 依次表示从低到高，或从短到长（时间），3 表示中立状态。企业创新能力的测度已经在第 4 章做了详尽描述。基于前面的文献研究、实地调研和专家意见，本章分别对其他各变量的测度进行说明（详细问卷内容参见文后文件附录 2）。

6.1.3.1　企业互动学习的测度

依据第 2 章对创新企业互动学习维度的划分，企业的互动学习可通过企业与知识生产机构的互动学习、与知识中介机构的互动学习、与生产合作机构的互动学习以及在市场营销界面的互动学习四个维度进行测度。每一个维度的互动学习，可通过在该维度针对补充创新企业知识基础的以及扩展其潜在行为范围的已转移的知识内容测度。研究中将每一维度中对企业创新做出不同程度贡献的外部参与者数量作为测度指标，不管其贡献在于产生创意还是创新过程。

（1）与知识生产机构的互动学习。鉴于研究中需要测度的是中小企业与大学和研究机构的互动学习为中小企业创新能力提升所做贡献，根据第 2 章中对企业与知识生产机构的互动学习类型的分类与总结，这里以对企业创新有所贡献的、与企业存在正式或非正式关系的国内和国外大学、研发机构数量作为测度指标，具体关系包括：①与大学进行研发合作（包括购买成果、技术转让、技术入股等）；②为企业提供技术规范、专利等更新服务；③帮助企业进行生产过程中的问题诊断；④帮助开发或共同开发特定设备；⑤利用大学的科研设备和监测仪器；⑥大学帮助企业展开人员培训；⑦企业与大学有人员间的非正式联系。

鉴于不同学科知识在不同地域的异质性分布，我们将企业与知识生产机构的互动学习按国内、国外两地域性指标进行分类。鉴于国际机构的知识异质性与新颖性相对较大，所以与国内知识生产机构互动学习按数量编码，与国外知识生产机构的互动学习按数量的 2 倍编码，具体测度题项与测度依据见表 6.1。

表 6.1　企业与知识生产机构互动学习指标的测度项

测度题项	测度依据
与企业存在研发合作、技术服务、问题诊断、设备开发、科研设备利用、人员培训、人员招聘及其他非正式联系等关系的国内、国际大学与研究机构数量	Kaufmann 和 Tödtling（2001）；Fritsch 等（1999）；Meeus 等（2001a，2001b）；Rondé 和 Hussler（2005）；Inzelt（2004）

（2）与知识中介机构的互动学习。书中用对创新企业的创新流程做出贡献的知识中介数量进行测度（Massa and Testa，2008）。依据第 2 章对企业与知识中介机构的互动类别分类，本书以对创新企业的创新流程做出贡献的八类知识中介机构的数量进行编码，具体测度题项与测度依据见表 6.2。

表 6.2　创新企业与知识中介机构的互动学习测度项

测度题项	测度依据
培训机构	
咨询机构	
行业协会和商会	Massa 和 Testa（2008）；
行业技术中心	Diez（2000）；
生产力促进中心	Koschatzky 等（2001）；
融资机构	Zhang 和 Li（2010）；
技术交易机构	龙静等（2012）；薛捷（2017）
其他政府部门	

（3）与生产合作机构的互动学习。根据第 2 章有关创新企业与生产合作机构的互动学习对象分类，本书以在生产合作界面的八个类别的企业中给企业带来创意和在创新过程中做出贡献的互动学习企业数量，按数量大小编码，具体测度题项与测度依据见表 6.3。

表 6.3 企业与生产合作机构的互动学习测度项

测度题项	测度依据
为企业带来创意或对创新流程做出贡献的设备供应商	Meeus 等（2001a）；Ritter 和 Gemünden（2003）；Rondé 和 Hussler（2005）；薛捷（2017）
为企业带来创意或对创新流程做出贡献的原材料供应商	
为企业带来创意或对创新流程做出贡献的零配件供应商	
为企业带来创意或对创新流程做出贡献的软件供应商	
为企业带来创意或对创新流程做出贡献的行业内非竞争对手	
为企业带来创意或对创新流程做出贡献的商业服务供应商	
为企业带来创意或对创新流程做出贡献的集团内其他公司	

（4）在市场营销界面的互动学习。依据第 2 章对创新企业在市场营销界面的互动学习所做的分析总结，将企业在市场营销界面的互动学习测度项和测度依据整理成表 6.4。

表 6.4 企业在市场营销界面的互动学习测度项

测度题项	测度依据
企业参加商品交易会的地域范围及其频次	Ritter 和 Gemünden（2003）；Diez（2000）；Meeus 等（2001a）；Rondé 和 Hussler（2005）；Lundvall 和 Lorenz（2012）；Prahalad 和 Ramaswamy（2013）；von Hippel（2005）；Payne 等（2008）；Ritter 和 Gemünden（2003）；Rondé 和 Hussler（2005）
为企业带来创意和对企业的创新过程做出贡献的客户数量	
进行终端用户调查及其调查的地域范围	
有没有识别领先用户群体并与他们展开互动	
分析竞争对手的产品与行为的频次	
分析竞争对手技术的频次	
是否聘用竞争对手的离职员工来获取技术知识	

书中根据创新企业在以下几个方面事务的具体参与状况进行编码。参加不同地域层级的展览会的频次、为企业带来创意和对企业的创新过程做出贡献的客户数量、企业是否对终端用户进行调查以及调查的地域范围、企业有没有识别领先用户群体并与他们展开互动、企业对竞争对手的技术、产品与行为进行分析的频次以及是否聘用竞争对手的离职员工来获取技术知识。

鉴于展览会参展覆盖的企业地域范围带来的知识新颖性、异质性与信息量的差异，我们对参加省内展览、地区性展览、全国性展览、国际性展览分别按 1、2、3、4 的倍数进行编码。

同理，对终端用户的调查也按地域范围差异，按没有、省内调查、同区域调查、全国范围调查、国际范围调查进行 0~4 编码。

对竞争对手的技术、产品与行为分析，按几乎没有、偶尔、经常的频次进行 0、1、2 编码。

与领先用户群体的互动，按有与没有进行编码。

6.1.3.2　企业吸收能力的测度

为实现不同行业、类型企业间的比较，研究中采用了相对吸收能力的概念，即 Liao 等（2007）采用 Minbaeva 等（2003）的员工能力和动机量表来测度企业的吸收能力（表6.5）。这里，吸收能力的第一层次是员工的能力，用他们的教育背景、与工作相关的技能来代表他们的潜在能力，组织可凭借这些能力来消化吸收和使用知识。根据员工的专业知识、员工的技能和教育层次与技术标准的比较、员工利用知识的能力设计，测度企业员工的总体能力。吸收能力的第二层次是员工动机，通过企业的激励影响员工的努力强度（员工的动力）进行测度。员工努力强度是组织成员为解决问题所耗费的能量（Kim，2007），是以组织的创新努力为特征的组织抱负（Cohen and Levinthal，1990）。

表 6.5　吸收能力测度项

测度题项	测度项目
1.我们公司的员工具有卓越的专业知识 ac1	潜在吸收能力（员工的能力）
2.我们公司的员工能快速、全面地获取工作所需的新知识 ac2	
3.我们公司的员工具有比竞争对手更好的工作技能 ac3	
4.我们公司的员工具有比竞争对手更高的教育质量 ac4	
5.我们公司的员工具有利用公司已掌握的知识的能力 ac5	
6.为了加薪、升职与顺利完成工作，我们公司的员工尽力获取工作技能和工作资格证书 ac6	现实吸收能力（员工的动力）
7.我们公司员工的知识获取行为对工作效能有正面影响 ac7	
8.我们公司根据员工所拥有的工作技能和资格证书来决定他们的工作岗位、薪酬和职位 ac8	
9.我们公司根据员工所拥有的技能和资格证书给予进一步的学习和培训机会 ac9	
10.我们公司的奖励能有效鼓励员工去获取工作技能和资格证书 ac10	
11.我们公司的员工能因进步而得到比竞争对手更多的奖励 ac11	
12.我们公司的奖励系统在鼓励员工获取工作技能和资格证书方面比竞争对手要好得多 ac12	

资料来源：Liao 等（2007）

6.1.4　问卷发放对象

鉴于研究对象为制造业中小企业。根据第 1 章第 2 节对制造业中小企业的概念界定，研究中选择企业从业人员在 1000 人以下、营业收入小于 4 亿元的制造企业为研究对象，包括纺织业、机器制造业、农副产品加工、工艺品制造、金属制品制造和其他行业的制造业中小企业。所以问卷发放对象是在这类中小制造企业工作的产品经理、营销经理或高层经理。

为提高问卷调查的有效性和经济性，我们选择了中小制造企业活跃的浙江、江苏作为主要调查范围。也有超出这一地域范围的少量企业，主要来自朋友圈，出于问卷发放的经济性和数据的可靠性考虑。

6.1.5　问卷的发放与回收

从 2013 年 6 月 1 日开始发放调查问卷，2014 年 4 月 28 日完成问卷回收工作，共历时 11 个月。其中，问卷发放的主要途径有以下几个：一是现场发放。在研究者针对符合要求的目标企业进行案例深度调研时直接获取问卷，该部分问卷在调研结束时直接回收。对问卷中部分不完整的地方，与调研对象面对面沟通。研究中共发出这类问卷 46 份，回收 46 份，回收率为 100%。二是对朋友圈符合调研对象的人员，通过电子邮件发放并回收。通过这一方式发放问卷 37 份，回收完整问卷 29 份，回收率 78%。三是委托同学、朋友和亲友帮助发放，共发放调查问卷 110 份，回收完整问卷 62 份，回收率为 56%。四是通过浙江工业大学、浙江理工大学、浙江工商大学工商管理专业的老师向班上符合调研对象要求的同学发放并回收问卷。在课余时间，老师先询问同学中符合要求的人员数量，然后直接将打印好的纸质问卷发放给这些同学，在当天课程结束前回收。通过这一方式共发放问卷 123 份，回收完整问卷 79 份，回收率 64%。五是由在机关单位工作的朋友牵头，在他们组织企业经理参加的行业会议、政策宣讲会议开始前，直接将纸质问卷交给参加会议的企业管理人员填写，会议结束时回收。通过这一方式发放问卷 167 份，回收完整问卷 94 份，问卷回收率 56%。六是在浙江省举办的设备博览会期间，面向参会企业人员发放。通过这一方式发放问卷 65 份，回收完整问卷 57 份，回收率 88%。在发放的 548 份问卷中，回收 367 问卷，回收率达 67%。在数据录入期间，发现具有明显规律性问卷（如选择一致性）和企业性质不属于传统制造业中小企业的问卷 36 份，直接剔除。也有一部分问卷的企业基本信息不全，后通过网上查询和电话咨询补齐，予以保留。剔除不合格问卷后，得到实际有效问卷 331 份，有效问卷回收率 60%（表 6.6）。

表 6.6　问卷的发放与回收情况

问卷发放形式	发放数量	回收数量	回收率/%	有效数量	有效率/%
笔者走访	46	46	100	46	100
电子邮件	37	29	78	29	78
委托亲友发放	110	62	56	53	48

续表

问卷发放形式	发放数量	回收数量	回收率/%	有效数量	有效率/%
MBA 老师发放	123	79	64	72	59
行业会议期间发放	167	94	56	82	49
向展览会参展企业人员发放	65	57	88	49	75
合计	548	367	67	331	60

注：问卷回收率=问卷回收数量/问卷发放数量；问卷有效率=有效问卷数量/问卷发放数量

6.1.6　样本的描述性统计

从回收的 331 份有效问卷来看，受访企业平均年龄 10.4 年，问卷填写人在本行业平均工作时间为 6.5 年。研究所得样本的行业涵盖纺织服装企业 83 家、金属加工企业 41 家、化工产品企业 18 家、机电产品企业 64 家、包装材料企业 9 家、工业材料企业 8 家、日用品生产企业 43 家以及其他产品生产企业 65 家。企业性质涵盖国有与集体企业 15 家、民营企业 278 家与三资企业 38 家；规模涵盖小微企业 32 家、小企业 76 家、中偏小企业 119 家、中偏大企业 104 家。受访企业地域涵盖宁波市、绍兴市、上虞区、台州市、杭州市、嘉兴市、金华市、衢州市、温州市以及江苏省等其他地区。

6.2　结构方程测量模型：验证性因素分析

这里将应用 Mplus 7 软件，运用结构方程建模的方法，对第 5 章所提出的概念模型与研究假设进行验证。

结构方程模型的一个重要特征是能够对抽象的概念进行估计和检验。调查问卷中的题项是用于反映抽象概念的可观测指标；采用结构方程模型对这些可观测指标的统计处理，可反映抽象概念的建构。理论构建包括两个主要部分：理论所涉及的各概念内涵和各概念间的因果逻辑关系。这两部分分别通过结构方程的测量模型和结构模型解决。测量模型是通过观测变量来构建潜变量，潜变量与观测变量间的关系构成了整个概念模型的内涵。这一模型的检验过程实际上就是验证性因素分析过程。

结构方程建模过程可分解成测量模型和结构模型两部分分别进行识别。如果测量模型和结构模型都可以识别，则结构方程可以识别（王孟成，2014）。测量模型就是用验证性因素分析来处理观测变量与潜变量间的关系（王孟成，2014）。验证性因素分析和探索性因素分析的区别在于观察变量与潜在因子间的关系是事先确定还是事后确定的。探索性因素分析一般在分析前并不明确各观测指标与潜在因子间的具体隶属关系，其关系是在分析之后确定的，所以探索性因素分析具有数据导向的特点，被称作数据驱动型分析；而验证性因素分析在分析前就已经确定了观测指标与潜在因子间的隶属关系，具有假设检验的特点，属于理论驱动分析。验证性因素分析步骤：模型设定、模型识别、模型拟合评价、结果解释与报告（王孟成，2014）。

模型设定即模型的表达，涉及变量、变量间关系、模型参数等的设定。我们在研究中尽量采用国际上已成熟的量表，这部分量表的结构关系已经明确，条目隶属关系也已充分认证；对于新发展的量表，也已在前面进行了充分的理论与实证分析。所以可以对这些数据直接进行验证性因素分析。

模型识别的第一步是要看样本协方差矩阵提供的信息是否充足（t 法则），即数据提供的信息要大于等于模型需要估计的自由参数 t，否则模型不能识别。也就是说，df 必须大于等于 0。对于参数估计，最常用的是极大似然估计。极大似然估计的前提条件是：数据连续分布、多元正态分布、数据独立、大样本。在数据处理前，还需要对数据质量进行审查，如奇异值的处理。

根据研究者建议，当偏态和峰态系数分别小于 2 和 7 时，采用极大似然估计是可以接受的（王孟成，2014）。在 Mplus 分析软件中，当数据不符合正态分布时，还可以使用稳健估计法，特别是稳健似然估计法，既能处理正态分布数据，又能处理数据缺失，允许随机缺失，所以直接使用稳健估计法进行模型估计是一个比较稳妥的方法（王济川等，2011）。

通常，用验证性因素检验测量模型是否拟合，需要符合以下条件：卡方检验非显著、比较拟合指数 CFI>0.9、非规范拟合指数与塔克-刘易斯指数 TLI>0.9、近似误差均方根 RMSEA 的 90%置信区间的上限应小于 0.08，这时的 p 值>0.05。

6.2.1　与外部组织的互动学习

企业的互动学习包含四个方面的内容：与知识生产机构的互动学习 ia11、与知识中介机构的互动学习 ia22、与生产合作机构的互动学习 is 和在市场营销界面的互动学习 im。其中，与知识生产机构的互动学习包括与国内的大学和科研机构的互动学习 ia1、与国外的大学和科研机构的互动学习 ia2。对企业而言，鉴于知识的异质性在与国外大学的互动学习中特别明显，所以这里 ia11=ia1+ia2×2。与生产合作机构的互动学习是焦点企业与七类供应商互动学习数量之和。在市场营销界面的互动包括企业参加不同地域范围的商品交易会频次（地域范围越广，权重越大）、给创新流程带来贡献的客户数、与终端用户的互动学习、与领先用户的互动、与竞争对手的技术、产品及行为的互动。企业互动学习指标的描述性统计见表 6.7。

表 6.7 企业互动学习指标的描述性统计

互动学习类型	均值	标准差	偏度	峰度
与知识生产机构的互动学习 ia11	1.662 3	1.767 31	0.747	−0.593
与知识中介机构的互动学习 ia22	3.412 3	2.849 44	0.625	−0.213
与生产合作机构的互动学习 is	6.399 4	4.747 67	0.512	−0.556
在市场营销界面的互动学习 im	15.211 0	10.804 34	1.033	0.413

注：N=331；Bootstrap=1000

企业互动学习的验证性因素分析结果（N=331，Bootstrap=1000）如下。

χ^2=2.349，df=2，p=0.3090；CFI=0.998、TLI（非规范拟合指数）=0.995 均大于 0.95；SRMR（标准化残差均方根）= 0.014，小于模型拟合好的截断值 0.08。这些指标都说明模型拟合得不错。尽管 RMSEA（近似误差均方根）的 90%置信区间（0，0.119）超出了拟合良好的范围（0，0.08），但精确拟合优度检验统计不显著（p=0.543）。也就是说，无法拒绝 RMSEA 小于等于 0.05 的零假设，因此可以说，尽管模型没有精确拟合，但已经符合拟合条件。标准化后的企业互动学习载荷因子见表 6.8。

表 6.8 标准化后的企业互动学习载荷因子表

互动学习类型	载荷因子
与知识生产机构的互动学习 ia11	0.746
与知识中介机构的互动学习 ia22	0.765
与生产合作机构的互动学习 is	0.715
在市场营销界面的互动学习 im	0.715

企业互动学习测度模型见图 6.1。

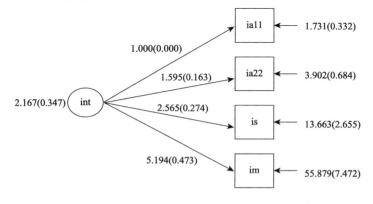

图 6.1 企业互动学习的测度模型

int 表示互动学习总体指标；ia11 表示与知识生产机构的互动学习；ia22 表示与知识中介机构的互动学习；is 表示与生产合作机构的互动学习；im 表示在市场营销界面的互动学习；图中括号中的数据为残差

6.2.2　企业的吸收能力

企业的吸收能力由两方面组成，分别是潜在吸收能力（员工能力 ac1~ac5）和现实吸收能力（员工动机 ac6~ac12）。企业吸收能力指标的描述性统计见表 6.9。

表 6.9　企业吸收能力指标的描述性统计

项目	均值	标准差	偏度	峰度
员工具有卓越的专业知识 ac1	3.335 3	1.023 62	−0.146	−0.570
员工能快速、全面地获取工作所需的新知识 ac2	3.395 8	0.983 43	−0.245	−0.283
员工具有比竞争对手更好的工作技能 ac3	3.429 0	1.007 67	−0.296	−0.246
员工具有比竞争对手更高的教育质量 ac4	3.368 6	1.013 59	−0.297	−0.258
员工具有利用公司已掌握的知识的能力 ac5	3.631 4	1.013 59	−0.388	−0.320
为加薪、升职与顺利完成工作，员工尽力获取工作技能和工作资格证书 ac6	3.513 6	1.090 86	−0.451	−0.435
员工的知识获取行为对工作效能有正面影响 ac7	3.658 6	0.973 00	−0.503	−0.078
公司根据员工所拥有的工作技能和资格证书来决定他们的工作岗位、薪酬和职位 ac8	3.519 6	1.147 62	−0.327	−0.764
公司根据员工所拥有的技能和资格证书给予进一步的学习和培训机会 ac9	3.510 6	1.209 45	−0.563	−0.463
公司的奖励能有效鼓励员工去获取工作技能和资格证书 ac10	3.631 4	1.137 56	−0.495	−0.608
员工能因进步而得到比竞争对手更多的奖励 ac11	3.561 9	1.086 39	−0.460	−0.339
公司的奖励系统在鼓励员工获取工作技能和资格证书方面比竞争对手要好得多 ac12	3.516 6	1.074 02	−0.272	−0.513
企业吸收能力 ac	42.072 5	9.608 12	−0.452	0.203

注：N=331；Bootstrap=1000

企业吸收能力的验证性因素分析结果（N= 331，Bootstrap=1000）如下。

χ^2=158.672，df=53，$p < 0.001$；TLI=0.906，大于 0.90，达到可接受标准；SRMR=0.058，小于模型拟合好的截断值 0.08；CFI=0.924，略小于拟合较好标准0.95。这些指标都说明模型拟合得不错。但 RMSEA= 0.079，其90%置信区间（0.065，0.093）超出了拟合良好的范围（0，0.08），精确拟合优度检验统计显著（$p < 0.000$）。拒绝 RMSEA 小于等于 0.05 的精确拟合假设，说明模型拟合得不是很理想。

从验证性因素分析结果中可以看到，除 ac12 外，ac6~ac11 的载荷因子均较大，只有 ac12 的标准化载荷因子较低，只有 0.192。且因子载荷统计不显著，故可以将其删除。删除 ac12 后，再次进行验证性因素分析，结果如下。

χ^2=131.513，df=43，$p < 0.001$；TLI=0.917，大于 0.90，达到可接受标准；

SRMR=0.060，小于模型拟合好的截断值 0.08；CFI=0.935 略小于拟合较好标准 0.95。这些指标都说明模型拟合得不错。RMSEA= 0.080，其 90%置信区间（0.065，0.096）超出了拟合良好的范围（>0.08），精确拟合优度检验统计显著（$p < 0.000$）。拒绝 RMSEA 小于等于 0.05 的精确拟合假设，说明模型拟合程度有一定改善，但尚不是很理想。

根据 Mplus 报告的修正指数 MI（modification indices），允许 ac5 与 ac7 的误差相关、ac9 和 ac10 的误差相关，得到修正后的模型拟合状况如下。

χ^2= 96.242 ，df=41，$p < 0.001$；CFI=0.946，TLI=0.946，接近 0.95 的较好拟合标准；SRMR= 0.049，小于模型拟合好的截断值 0.08。这些指标都说明模型拟合得不错。RMSEA=0.065，其 90%置信区间（0.048，0.082）略超拟合良好的范围（0, 0.08），精确拟合优度检验统计不显著（p=0.070），无法拒绝 RMSEA 小于等于 0.05 的精确拟合假设，模型精确拟合。

标准化后的企业吸收能力载荷因子见表 6.10。

表 6.10　标准化后的企业吸收能力载荷因子

企业吸收能力=潜在吸收能力（员工能力）+现实吸收能力（员工动机）	载荷因子
潜在吸收能力（员工能力）acc	
员工具有卓越的专业知识 ac1	0.780
员工能快速、全面地获取工作所需的新知识 ac2	0.852
员工具有比竞争对手更好的工作技能 ac3	0.773
员工具有比竞争对手更高的教育质量 ac4	0.823
员工具有利用公司已掌握的知识的能力 ac5	0.681
现实吸收能力（员工动机）acm	
为加薪、升职与顺利完成工作，员工尽力获取工作技能和工作资格证书 ac6	0.720
员工的知识获取行为对工作效能有正面影响 ac7	0.726
公司根据员工所拥有的工作技能和资格证书决定他们的工作岗位、薪酬和职位 ac8	0.758
公司根据员工所拥有的技能和资格证书给予进一步的学习和培训机会 ac9	0.742
公司的奖励能有效鼓励员工去获取工作技能和资格证书 ac10	0.803
员工能因进步而得到比竞争对手更多的奖励 ac11	0.733

企业吸收能力测度模型见图 6.2。

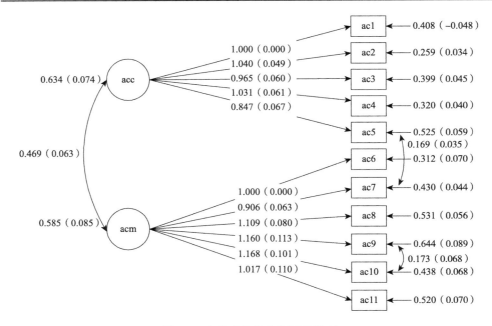

图 6.2　企业吸收能力的测度模型

括号中的数据为残差

6.2.3　企业的创新能力

企业创新能力由三方面构成：机会识别能力、创新实现能力和商业化能力。其中的创新实现能力较为复杂，具有多阶结构。鉴于过分复杂的模型不利于在潜变量间建立关系，所以需要进行简化处理。通常采用项目打包法将数个指标加总或加总平均后作为新指标，然后再建模。项目打包法优点（王孟成，2014）：更高的信度和高的共同度、数据分布形态更接近正态、更易收敛、更好的模型拟合。打包可以提高指标的心理测量学特性，通过某些误差协方差项的设定改善模型拟合。项目打包的前提是项目的单维度和同质性，否则将导致参数估计偏差。

机会识别能力的描述性统计见表 6.11。

表 6.11　企业机会识别能力的描述性统计

指标	均值	标准差	偏度	峰度
准确识别人们需要的产品与服务 oic1	3.764 4	1.023 39	−0.334	−0.751
感知消费者未满足的需求 oic2	3.634 4	0.992 04	−0.452	−0.239

续表

指标	均值	标准差	偏度	峰度
捕获高质量商业机会 oic3	3.797 6	1.037 83	−0.470	−0.608
花精力寻求能带给消费者价值的产品与服务 oic4	3.737 2	1.030 00	−0.493	−0.351

注：N=331；Bootstrap=1000

创新实现能力概念下已探明的维度有：创新投入能力（企业规模和投入倾向的乘积）、战略能力（企业冒险倾向、前瞻性与创新承诺）、组织管理能力、创新文化（体制性文化、创新氛围）。将这些项目指标分别根据项目均值打包成创新投入能力、高管冒险倾向、前瞻性与创新承诺、组织管理能力、创新氛围、体制性文化 6 个项目包，所得项目包数据的描述性统计见表 6.12。

表 6.12　创新实现能力指标的描述性统计

指标	均值	标准差	偏度	峰度
创新投入能力 rea1	2.315 4	12.192 54	0.072	−1.310
高管冒险倾向 rea2	2.934 5	0.613 88	0.529	2.885
前瞻性与创新承诺 rea3	3.854 4	0.972 07	0.299	5.784
组织管理能力 rea4	3.822 2	0.797 15	−0.468	−0.196
创新氛围 rea5	3.611 3	0.850 80	−0.434	−0.184
体制性文化 rea6	3.525 7	0.849 62	−0.426	−0.182

注：N=331；Bootstrap=1000

企业商业化能力的描述性统计见表 6.13。

表 6.13　企业商业化能力的描述性统计

指标	均值	标准差	偏度	峰度
对市场潜力、顾客偏好、购买流程有充足研究 cci1	3.713 0	1.020 60	−0.382	−0.610
在商业化前有良好的市场测试 cci2	3.598 2	1.043 83	−0.311	−0.528
识别产品的差异化诉求并据此展开销售 cci3	3.725 1	1.029 83	−0.484	−0.493
充足的营销渠道 cci4	3.815 7	1.035 37	−0.597	−0.320
知道竞争对手可能的市场反应 cci5	3.667 7	1.014 21	−0.472	−0.250
新产品的销售量远比其他产品高 cci6	3.441 1	1.097 66	−0.167	−0.848
新产品的获利能力远比其他产品高 cci7	3.646 5	1.081 03	−0.462	−0.600

注：N=331；Bootstrap=1000

企业创新能力的验证性因素分析结果（N=331，Bootstrap=1000）如下。

χ^2 = 227.291，df=116，$p < 0.001$；TLI=0.950，CFI=0.958，均大于或等于 0.95，达到较好拟合标准；SRMR=0.033，小于模型拟合好的截断值 0.08。这些指标都说明模型拟合得不错。但 RMSEA=0.054，其 90%置信区间（0.043，0.064）在拟合良好的范围，即（0，0.08），精确拟合优度检验统计不显著（p= 0.262），无法拒绝 RMSEA 小于等于 0.05 的假设，说明模型拟合很理想。

标准化后的企业创新能力验证性载荷因子见表 6.14。

表 6.14 标准化后的企业创新能力验证性载荷因子

企业创新能力=机会识别能力+创新实现能力+商业化能力	载荷因子
机会识别能力 oic	
准确识别人们需要的产品与服务 oic1	0.816
感知消费者未满足的需求 oic2	0.708
捕获高质量商业机会 oic3	0.827
花精力寻求能带给消费者价值的产品与服务 oic4	0.745
创新实现能力 rea	
创新投入能力 rea1	0.344
高管冒险倾向 rea2	0.329
前瞻性与创新承诺 rea3	0.719
组织管理能力 rea4	0.848
创新氛围 rea5	0.830
体制性文化 rea6	0.823
商业化能力 cci	
对市场潜力、顾客偏好、购买流程有充足研究 cci1	0.832
在商业化前有良好的市场测试 cci2	0.848
识别产品的差异化诉求并据此展开销售 cci3	0.809
充足的营销渠道 cci4	0.805
知道竞争对手可能的市场反应 cci5	0.807
新产品的销售量远比其他产品高 cci6	0.697
新产品的获利能力远比其他产品高 cci7	0.698

企业创新能力的测度模型见图 6.3。

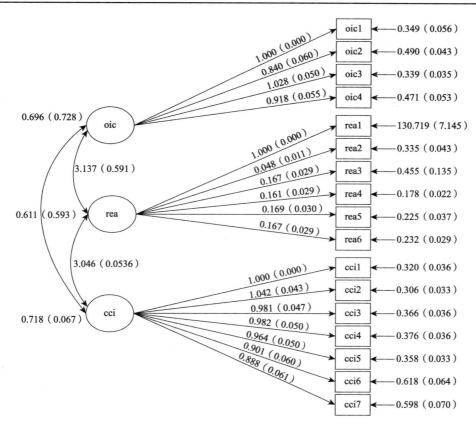

图 6.3 企业创新能力的测度模型
括号内数据为残差

6.2.4 研究变量的描述性统计

研究变量的描述性统计结果见表 6.15。从表 6.15 可以看出，除互动学习与商业化能力之间不显著外，其他指标均两两显著正相关，在 0.01 水平上显著，为接下来的验证分析提供了初步参考。

表 6.15 研究变量的描述性统计

变量	均值	标准差	1	2	3	4	5	6
1. 互动学习	26.796	17.351	1					
2. 潜在吸收能力	17.160	4.222	0.148**	1				
3. 现实吸收能力	24.912	6.193	0.183**	0.691**	1			
4. 机会识别能力	14.933	3.403	0.148**	0.454**	0.574**	1		

变量	均值	标准差	1	2	3	4	5	6
5. 创新实现能力	40.902	13.614	0.270^{**}	0.360^{**}	0.410^{**}	0.433^{**}	1	
6. 商业化能力	25.607	5.994	0.062	0.463^{**}	0.562^{**}	0.768^{**}	0.399^{**}	1

**代表在 0.01 水平上显著

6.3　结构方程建模：互动学习与创新能力提升机理及路径分析

结构模型主要用于处理潜变量间的现行关系。鉴于涉及对潜变量的测量，所以结构模型实际上包括了测量关系和结构关系。概念模型的检验实际上就是要回答通过量表收集到的观测变量是否确实可以反映潜变量的概念定义和内涵，因此涉及概念效度和信度的问题，即概念模型构建的有效性和合理性。

结构方程建模过程可分为五个步骤（王济川等，2011）：①模型建构。模型建构指模型估计之前形成的最初理论模型，该模型是在理论研究或时间经验的基础上形成的。②模型识别。模型识别决定设定模型的参数估计是否有唯一解。如果模型错误设定，模型估计可能不能收敛或无解。③模型估计。模型估计最常用的方法为最大似然估计法，稳健估计法也得到了广泛应用。④模型评估。获得模型的参数估计后，需要评估模型是否拟合。如果模型拟合良好，则建模过程可以停止了。⑤模型修正。如果模型拟合得不好，则需要重新设定或修改模型，这时需要决定如何删除、增加或修改模型中的参数以提高模型拟合度。一旦重新设定了模型，则重复上述四个步骤。

在结构方程模型中，概念效度的检验主要考察其概念模型的拟合效度。如果模型达到较好的拟合效果，模型内各参数拟合结果具有较高的显著性，就可以认为该概念具有较高的效度。通常，至少应报告一个绝对拟合指数、一个增值拟合指数和一个简约调整指数。在实际研究中，通常要报告拟合优度的卡方检验 χ^2/df 指数、RMSEA、TLI 和 CFI 的 90%置信区间以及精确拟合的 p 值（王济川等，2011）。各指标的具体判别标准如下。

（1）χ^2/df 指数。χ^2 指数能够衡量假设的模型和观测数据之间的拟合度。然而，χ^2 指数对于样本量非常敏感，对于参数过少的误设模型，χ^2 会敏感地反映模型拟合得不好，而对于参数过多的误设模型，它往往检验不出错误的设定，所以倾向接纳比较复杂的模型（侯杰泰，2004）。χ^2/df 会调节模型的复杂程度，弥补了 χ^2 的缺点。因此，这里采用 χ^2/df 指标评价假设的模型和观测数据之间的拟合度。

一般认为，若 $0 < \chi^2/df < 5$，模型可以接受；若 $\chi^2/df \leqslant 2$，模型拟合得非常好（王济川等，2011）。研究中以不超过 5 作为指标，在此范围内认为模型是可以接受的。

（2）RMSEA 是目前唯一能提供置信区间的模型拟合指数。一般情况下，RMSEA 会同时报告其 90%的置信区间。如果模型拟合良好，90%的置信区间的下限应包括 0 或非常接近 0，上限应小于 0.08。若上限小于 0.05，则更好。采用 RMSEA 还可检验精确拟合零假设（H0：RMSEA $\leqslant 0.05$），用 p 值检视备选假设（H1：RMSEA > 0.05），如果 p 大于等于 0.05，则不能拒绝 RMSEA 小于等于 0.05 的零假设，表示设定模型精确拟合（王济川等，2011）。

（3）CFI，即比较拟合指数，为离中改善比（ratio of improvement in noncentrality），是将设定模型与基础模型比较，即基础模型与设定模型重新标度后的离中参数差，与基础模型的离中参数值之比。CFI 值位于 0 和 1 之间，如果设定模型与参数拟合完美，则 CFI 等于 1。如果 CFI $\geqslant 0.90$，则模型拟合。

（4）TLI，即非规范拟合指数，是一种对设定模型与基础模型欠拟合度进行比较的方法。TLI 值通常在 0 到 1 之间，也可能负数。如果 TLI 值为负，表示零模型的卡方值与自由度之比小于设定模型（王济川等，2011）。一般认为，若 TLI $\geqslant 0.90$，模型拟合程度较好；TLI 越接近于 1，表示模型拟合程度越好（王孟成，2014）。

研究所涉及的各拟合指标数值范围及理想数值汇总如表 6.16 所示。

表 6.16 评价模型的拟合指标数值范围及理想数值汇总

指标	可接受拟合指标数值范围	理想的指标数值
χ^2/df	大于 0，小于 5	小于等于 2，更好
RMSEA	大于 0，小于 0.08	小于 0.05，更好
CFI	0 到 1 之间	大于等于 0.9，接近 1 更好
TLI	0 到 1 之间，也可能负数	大于等于 0.9，接近 1 更好

6.3.1 结构方程模型的中介效应与调节效应检验方法阐述

用 Mplus 软件进行中介效应和调节效应检验，与传统方法相比，具有一定优势。具体如下。

（1）中介效应检验（王济川等，2011；王孟成，2014）。传统上采用逐步检验法，尽管此方法易于理解和操作，但研究发现，与其他方法相比（如系数乘积法、差异系数检验法、Bootstrap 法），逐步检验法的统计功效最小。Bootstrap 法具有最高的统计效力，是目前最理想的中介效应检验方法。Bootstrap 以研究样本作为抽样总体，通过平均每次抽样得到的参数作为最后的估计结果。Mplus 提供两种 Bootstrap：标准的 Bootstrap 和残差的 Bootstrap。标准的 Bootstrap 只适用于极大似然估计法、加权最小二乘法、稳健加权最小二乘法、间接最小二乘法和广义最小二乘法估计；残差的 Bootstrap 只适用于连续变量的极大似然估计法估计。

（2）调节效应检验（王济川等，2011；王孟成，2014）。当两变量间关系的方向和大小依赖于第三个变量时，说明存在调节效应。调节效应常常与交互效应替换使用。传统回归模型中没有考虑指标的测量误差，通常会扭曲参数估计结果。结构方程内考察潜变量交互效应存在明显优势。目前，Mplus 中能实现的方法为乘积指标法和潜调节结构方程法。乘积指标法类似于回归分析中检验交互效应的方法，进行乘积前需要先对自变量和调节变量进行中心化处理。乘积指标法存在的问题是：乘积项非正态分布，基于正态分布假设的显著性检验结果和置信区间将产生偏差。另外，该方法总体较为烦琐，一般应用研究者不易掌握。潜调节结构方程法解决了乘积指标法面临的两个问题：乘积指标生成和乘积项非正态分布。该方法将非正态分布视作条件正态分布的混合，不需要构建指标，因而避免了不同乘积指标生成策略产生的参数估计不一致和估计偏差问题。参数检验使用 Wald z 检验，嵌套模型的检验使用似然比检验。潜调节结构方程法不提供模型拟合指数，模型比较可使用 AIC（Akaike information criterion）和 BIC（Bayesian information criterion，贝叶斯信息准则）（王孟成，2014）。

6.3.2　企业吸收能力在互动学习与创新能力间的中介关系模型

利用 Mplus7 软件对初始假设模型进行运算，拟合结果如图 6.4 所示。模型拟合指数为：$\chi^2 = 1031.502$, df= 45, $p<0.001$；CFI= 0.912, TLI= 0.905；SRMR=0.065；RMSEA=0.062，取值范围为（0.057, 0.067）。各数均达到可接受水平。

图 6.4　吸收能力作为互动学习与创新能力中介的关系模型
括号中的数据为残差；in=互动学习，ac=吸收能力，ic=创新能力

企业吸收能力对互动学习与创新能力的特定间接效应见表 6.17。

表 6.17　企业吸收能力对互动学习与创新能力的特定间接效应

路径效应	估计值	标准误	p
in→ac→ic	1.210	0.203	<0.001
in→ac	0.287	0.077	<0.001

注：ic=创新能力；ac=吸收能力；in=互动学习

模型解释如下。互动学习与创新能力之间路径系数的标准化估计值为 1.210，标准误为 0.203，显著性概率小于 0.001；互动学习与吸收能力间的路径系数为 0.287，显著性概率小于 0.001。两路径均在 0.001 显著性水平下显著，这与假设分析完全一致，吸收能力对互动学习与创新能力的中介假设成立。说明企业与外部组织间的互动学习对企业创新能力的作用通过企业吸收能力实现。

6.3.3 企业吸收能力对互动学习与机会识别能力、创新实现能力、商业化能力的中介效应

利用 Mplus7 软件对初始假设模型进行运算，拟合结果如图 6.5 所示。模型拟合指数为：χ^2=1869.795，df= 666，p<0.001；CFI= 0.828，TLI= 0.819；SRMR=0.172；RMSEA=0.072，取值范围为（0.070，0.078）。各数均达到可接受水平。

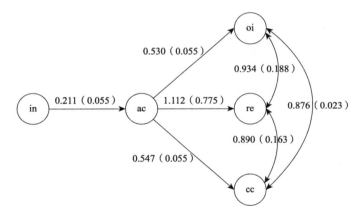

图 6.5 吸收能力对互动学习与机会识别能力、创新实现能力、商业化能力的中介关系模型
括号中的数据为残差；in=互动学习，ac=吸收能力，oi=机会识别能力，re=创新实现能力，cc=商业化能力

吸收能力对互动学习与机会识别能力、创新实现能力、商业化能力的特定间接效应路径见表 6.18。

表 6.18 吸收能力对互动学习与机会识别能力、创新实现能力、商业化能力的特定间接效应

路径效应	估计值	标准误	p
in→ac→oi	0.098	0.025	<0.001
in→ac→re	0.156	0.042	<0.001
in→ac→cc	0.101	0.026	<0.001
in→ac	0.207	0.055	<0.001

注：in=互动学习；ac=吸收能力；oi=机会识别能力；re=创新实现能力；cc=商业化能力

模型解释如下。互动学习与机会识别能力之间路径系数的标准化估计值为 0.098，标准误为 0.025，显著性概率小于 0.001；互动学习与创新实现能力之间的路径系数为 0.156，标准误为 0.042，显著性概率小于 0.001；互动学习与商业化能力之间的路径系数 0.101，标准误为 0.026，显著性概率小于 0.001；互动学习与吸收能力之间的路径系数为 0.207，标准误为 0.055，显著性概率小于 0.001。三路径均在 0.001 显著性水平下显著，这与假设分析完全一致，吸收能力对互动学习与机会识别能力、创新实现能力、商业化能力的中介假设成立。说明企业与外部组织间的互动学习对企业的机会识别能力、创新实现能力、商业化的作用通过创新能力实现。

6.3.4 潜在吸收能力、现实吸收能力对互动学习与机会识别能力、创新实现能力、商业化能力的中介关系模型

利用 Mplus7 软件对初始假设模型进行运算，拟合结果如图 6.6 所示。模型拟合指数为：χ^2=1190.984，df= 448，p<0.001；CFI= 0.887，TLI= 0.875；SRMR=0.142；RMSEA=0.071，取值范围为（0.066，0.076）。各数均达到可接受水平。

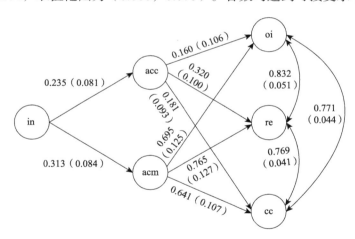

图 6.6 潜在吸收能力、现实吸收能力对互动学习与机会识别能力、创新实现能力、
商业化能力的中介关系模型

括号中的数据为残差；in=互动学习，acc=潜在吸收能力，acm=现实吸收能力，oi=机会识别能力，re=创新实现能力，cc=商业化能力

潜在吸收能力、现实吸收能力对互动学习与机会识别能力、创新实现能力、商业化能力的特定间接效应路径见表 6.19。

表 6.19　潜在吸收能力、现实吸收能力对互动学习与机会识别能力、创新实现能力、商业化能力的特定间接效应

路径效应	估计值	标准误	p
in→acc→oi	0.038	0.029	0.188
in→acm→oi	0.042	0.027	<0.001
in→acc→re	0.075	0.032	<0.05
in→acm→re	0.240	0.071	<0.001
in→acc→cc	0.042	0.027	0.113
in→acm→cc	0.201	0.059	<0.001
in→acc	0.235	0.081	<0.005
in→acm	0.313	0.084	<0.001

注：in=互动学习；acc=潜在吸收能力；acm=现实吸收能力；oi=机会识别能力；re=创新实现能力；cc=商业化能力

模型解释如下。互动学习经潜在吸收能力与机会识别能力之间路径系数的标准化估计值为 0.038，标准误为 0.029，显著性概率为 0.188，路径显著性不强；互动学习经现实吸收能力与机会识别能力之间的路径系数为 0.042，标准误为 0.027，显著性概率小于 0.001，路径在 0.001 显著性水平下显著；互动学习经潜在吸收能力与创新实现能力之间路径系数的标准化估计值为 0.075，标准误为 0.032，显著性概率小于 0.05，路径在 0.05 显著性水平下显著；互动学习经现实吸收能力与创新实现能力间的路径系数为 0.240，标准误为 0.071，显著性概率小于 0.001，路径在 0.001 水平下显著；互动学习经潜在吸收能力与商业化能力之间的路径系数为 0.042，标准误为 0.027，显著性概率为 0.113，路径在 0.15 显著性水平下显著；互动学习经现实吸收能力与商业化能力之间的路径系数为 0.201，标准误为 0.059，显著性概率小于 0.001，路径在 0.001 水平下显著；互动学习与潜在吸收能力之间的路径系数为 0.235，标准误为 0.081，显著性概率小于 0.005，路径在 0.05 显著性水平下显著；互动学习与现实吸收能力之间的路径系数为 0.313，标准误为 0.084，显著性概率小于 0.001，路径在 0.001 显著性水平下显著。这一结构与假设几乎一致。员工能力对互动学习与机会识别能力、互动学习与商业化能力间的中介作用不够显著，其他中介作用均与假设一致。

6.3.5　吸收能力对互动学习与创新能力的调节作用

利用 Mplus 7 软件对初始假设模型进行运算，结果模型不拟合。吸收能力对互动学习与创新能力的调节效应路径见表 6.20。

表 6.20　吸收能力对互动学习与创新能力的调节效应

路径效应	估计值	标准误	p
in→ic	0.930	0.098	<0.001
ac→ic	−0.008	0.031	<0.786
in×ac→ic	−0.010	0.063	<0.876

注：in=互动学习；ac=吸收能力；ic=创新能力

6.4　小　　结

综合上述研究结果，企业互动学习、吸收能力、创新能力关系结构模型如图 6.7 所示。

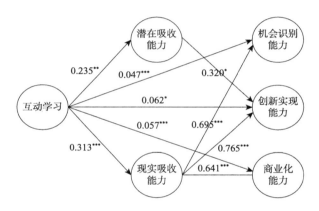

图 6.7　企业互动学习、吸收能力、创新能力关系结构模型检验结果

***代表 $p < 0.001$，**代表 $p < 0.005$，*代表 $p < 0.05$

企业与外组织的互动学习对企业的机会识别能力、创新实现能力、商业化能力提升作用分别通过企业的潜在吸收能力（员工的能力）和现实吸收能力（员工的动力）来发挥一定作用。我们同时可以看到，现实吸收能力（员工动力）要素对创新能力三要素的中介作用要明显强于潜在吸收能力（员工能力）要素，潜在吸收能力要素只在互动学习与创新实现能力之间起中介作用，而现实吸收能力（员工动力）不但在互动学习与创新实现能力之间所起中介作用要远远大于潜在吸收能力的作用，还在企业的互动学习与创新机会识别能力、商业化能力之间起中介作用。这一结果较为完美地解释了现实中为什么中小企业在难以吸引到高学历层次员工的前提下还能具有较高创新能力的原因。因为员工的能力因素（即前期知识）只对企业的创新实现能力起作用，而员工动机（激励因素）却同时对企业的机会识别能力、创新实现能力和商业化能力起作用。

7　结论与展望

　　通过前面各章的论述，本书已对企业互动学习、吸收能力和创新能力的概念内涵、测度及其相互间的关系机理进行了较为系统和深入的阐述。本章将对整个研究内容进行总结，概括主要结论、理论意义和实践意义，同时对研究中存在的不足和局限性进行说明，并进一步指出未来可能的研究方向。

7.1　研　究　结　论

　　我国企业的自主创新能力相对薄弱，在生产要素成本快速上升、技术更新逐渐加快、全球性经济不振和消费需求快速变化的大环境下，知识成为企业的关键资源，而学习和创新是企业生存和发展的利器。互动创新可能是企业提高自主创新能力的有效途径。本书以企业与外部组织的互动学习和创新能力提升作为研究切入点，综合了企业互动创新、组织学习与知识创造理论、企业创新能力理论和吸收能力理论，围绕着企业如何通过互动学习提升创新能力这一研究命题，综合运用理论研究、探索性案例研究、结构方程模型等研究方法，循序渐进地完成了三个方面的研究工作：企业创新能力的内涵与测度、企业互动学习的内涵与测度以及企业互动学习与创新能力提升机制。

　　本书的主要研究结论如下。

　　结论 1：企业的创新能力可通过包含企业机会识别能力、创新实现能力、商业化能力的框架进行测度。

　　企业创新能力通常通过企业的创新投入或创新产出进行测度。令人意外的是，应用创新投入或创新产出这一指标的最大原因在于其可得性，而非科学性。即便如此，对中小企业而言，创新投入或产出指标的可得性也存在问题。因为一方面，中小企业的创新投入广泛分布于各类事务之中，它们可能没有正式的研发活动或者没有记录正式的研发活动；另一方面，很多中小企业可能由于缺乏专业的文职人员或出于行业保护需要而不申请专利。况且，还存在大量中小企业，它们的竞争能力来自商业模式创新，这一点无论从研发费用还是创新产出来讲都是难以测度的。同时，现行的创新能力测度框架，要么只针对企业的技术创新能力，要么过于复杂。本书开发的中小企业创新能力测度框架，依据企业创新过程模式特征和中小企业运作特征设定。我们在这一框架和应用成熟量表的基础上，发展了企业的前瞻性和创新承诺量表、组织管理能力量表、体制性文化因素量表、创新氛围量表和商业化能力量表。最后形成了企业的创新能力整体测度指标。

在三方面能力中，机会识别能力和商业化能力可通过现成量表直接测度；创新实现能力则需要通过创新投入能力、战略能力、组织管理能力、体制性文化和创新氛围进行测度。这一创新能力指标体现的最大优点在于其简洁性。一方面，中小企业可通过创新能力测度指标体系测度其创新能力；另一方面，中小企业可以在测度企业创新能力的过程中，找到自身的不足和相应的提升路径。

结论2：企业的互动学习包含四个层面的内容：与知识生产机构的互动学习、与知识中介机构的互动学习、与生产合作机构的互动学习、在市场营销界面的互动学习。

传统概念中的学习只关注显性知识，侧重于与知识生产机构的互动学习，忽视了隐性知识的学习。我们通过广泛而深入的文献研究，将隐性知识的学习考虑进去后，将企业的学习层面扩展到了与知识生产机构的互动学习、与知识中介机构的互动学习、与生产合作机构的互动学习、在市场营销界面的互动学习四个层面。在此基础上，对每个层面的学习，给出了相应的测度方法。

结论3：企业互动学习通过吸收能力的中介作用来提升创新能力。而且，潜在吸收能力与现实吸收能力的作用存在差异。潜在吸收能力只对企业的创新实现能力起作用，而现实吸收能力对企业的机会识别能力、创新实现能力和商业化能力都起作用。而且，现实吸收能力对创新实现能力的作用要比潜在吸收能力所起的作用大得多。

7.2　理论贡献与实践意义

本书的理论意义在于：所开发的中小企业创新能力测度指标弥补了创新研究的不足；互动学习、吸收能力与创新能力关系研究，则解释了企业关系能力、员工的知识与技能、企业对员工知识与技能的激励机制、企业的机会识别能力、创新实现能力、商业化能力间的相互作用机制，厘清了企业知识能力中的外部联系能力与吸收能力和创新能力间的关系机理，进一步丰富了创新理论中相关互动学习、吸收能力、创新能力理论。Lichtenthaler U 和 Lichtenthaler E（2009）从企业对内外部知识的探索与利用的角度将企业的知识能力划分为：发明能力、吸收能力、解析能力、转换能力、联结能力和创新能力。本书中的吸收能力相当于 Lichtenthaler U 和 Lichtenthaler E（2009）的吸收能力和转换能力的集合，互动学习相当于 Lichtenthaler U 和 Lichtenthaler E（2009）的联结能力和解析能力的集合，创新能力相当于 Lichtenthaler U 和 Lichtenthaler E（2009）的发明能力和创新能力的集合。研究结果进一步明晰了企业的这些知识能力之间的关系。

研究的实践意义在于：创新能力指标体系为中小企业提供了一个简易的测度方式；互动学习、吸收能力、创新能力关系的研究结果较为完美地解释了现实中为什么中小企业在难以吸引到高学历层次员工的前提下还能具有较高创新能力的原因。研究结果表明，企业的激励机制对创新能力的促进作用明显大于企业员工已拥有的知识能力的作用。这一研究结果与众多中小企业的现行员工招聘方式存在较大背离。在当前的劳动力市场上，企业重视已经具有一定技能的成熟劳动力，对成熟劳动力求贤若渴，纷纷高薪争抢熟练技术人员。同时，企业忽视对员工能力的培养，大批具有发展潜力的高校毕业生出现了就业问题。实际上，高校毕业生不仅能快速成为成熟劳动力，而且他们还可以为企业带来学科领域的前沿性知识，帮助扩展企业的创新视野。另外，高校毕业生还可能在企业的进一步创新过程中，在企业与高校、研究机构等知识生产机构间起桥梁的作用。因此可以说，研究结果对推动广大中小企业的人力资源队伍建设，具有一定的指导意义。

本书的部分结论对我国的创新政策也具有一定的参考价值。研究结论证实了企业互动学习对创新能力的促进作用，我们的创新政策不应只一味关注创新投入数量，更应关注创新投入质量。例如，如何有效地为创新企业提供学习多元化知识的互动学习机会，从而提升政策的创新投入效能，以及一直以来受到学术界广泛重视的创新文化培育问题。尽管创新文化对企业创新能力的促进作用已成为学界共识，但在企业实践中，很多企业一直忽视创新文化的培育。实证研究显示，创新文化包含两方面：体制性文化和创新氛围。但多数中小企业和政策部门往往只重视体制性文化如奖励措施等，而忽视创新氛围。但创新氛围对创新的促进作用，有可能比奖励措施更重要。要提升企业的创新能力，或者将其扩展到整个社会的创新能力，就有必要重视创新氛围建设。

7.3 研究的局限性

本书的理论部分主要包括三个方面：企业互动学习、吸收能力和创新能力。实证研究包括两方面：创新能力的测度要素指标研究和互动学习、吸收能力、创新能力间的关系研究。总结研究过程的局限性，主要体现在测度指标的主观性、样本收集的局限性以及研究的时间跨度三个方面。

（1）测度指标的主观性。为了能综合反映企业整体层次的创新能力，使测度框架能同时包含企业的创新效率和创新效能，现实中不存在符合要求的客观性指标，所以测度的多为主观性的相对指标。这样，一方面可以使企业能简洁地测度创新能力各项指标，也解决了研究过程中对不同行业间企业在创新能力上的比较问题，但也导致测度过程中需要对测度对象有所控制，带来一定程度上的可靠性问题。

（2）样本收集的局限性。由于本书以制造业中小企业为调查对象单元，数据的收集较为困难。尽管研究过程中花费了大量精力，通过各种途径进行了问卷的发放与回收，而且还在发放过程中兼顾企业的产权性质、产业类型、企业年龄及其规模，以保证回收的问卷数量和质量，但是由于受到本人在人脉和时间等方面的限制，回收的样本数据主要来源于浙江、江苏两省的企业，占了总有效样本的90%，难以排除调研结果不受江浙地区的地域文化特征的影响，可能会在一定程度上影响研究结果的普适性。因此，本书所得出的研究结论还有待在更广泛的地域范围进行验证。

（3）研究的时间跨度。从企业的互动学习到吸收能力和创新能力的提升会有一个时间滞后过程，目前仍然没有对此类问题的统一的解决方法。学界通常采用了三年的固定时滞来处理这个问题，这里也参照这种做法，要求接受调研的企业根据最近三年来的实际状况进行判断。不过，鉴于这些结论仍然是通过企业的截面数据分析得到的，结论的有效性还有待更严格的检验。

7.4 研究展望

互动创新是企业创新领域的一个极具理论价值和现实意义的研究方向，值得在今后的研究中进一步探讨。本书界定了企业互动学习、创新能力的内涵与测度问题，并在此基础上对互动学习、吸收能力和创新能力关系进行了实证研究。但还是存在一定的局限性和不足之处，有待以后做出进一步的研究。特别是，研究结果中存在显著性不强的两条路径，有必要进一步证实；尚未对互动学习四个层次的构成要素与吸收能力、创新能力关系路径进行展开研究。这两点是研究的不足之处，有待深化。另外，在深化互动创新机理研究的基础上，下一步将展开企业互动学习前置要素研究以及企业创新能力要素与创新效能间的关系研究。

参 考 文 献

阿恩 F. 2006. 灵感[M]. 张恒毅译. 北京：机械工业出版社.

巴曙松. 2011-01-01. 中国经济已悄然越过刘易斯拐点[N]. 经济参考报（003）.

蔡翔，赵娟. 2019. 大学-企业-政府协同创新效率及其影响因素研究[J]. 软科学, 33（2）：56-60.

陈金亮，王玉，贾涛. 2017. 创新价值链视角下的供应商搜索与企业绩效[J]. 科研管理, 38（S1）：
    128-135.

陈劲. 2010. 管理学[M]. 北京：中国人民大学出版社.

陈劲，郑刚. 2009. 创新管理——赢得持续竞争优势[M]. 北京：北京大学出版社.

陈钰芬，陈劲. 2008. 开放式创新：机理与模式[M]. 北京：科学出版社.

陈正，赵伟民. 2016. 德国大学、科研机构与企业的协同创新探析——以 ARENA2036 计划为例
    [J]. 世界教育信息, 29（17）：16-17, 27.

褚建勋，汤书昆. 2007. 基于顿悟学习的 Q-SECI 模型及其应用研究[J]. 科研管理，（4）：95-99.

邓小翔，丘缅. 2016. 顾客导向视角下的组织学习与企业自主技术创新能力——华为公司的案例
    分析[J]. 科技管理研究, 36（3）：188-193, 199.

法格博格 J，莫利 D，纳尔逊 R. 2009. 牛津创新手册[M]. 柳卸林，郑刚，蔺雷，等译. 北京：
    知识产权出版社.

冯军政，刘洋，魏江. 2013. 如何驱动不连续创新：组织学习视角的案例研究[J]. 科研管理，
    34（4）：24-33.

弗里曼 C，苏特 L. 2004. 工业创新经济学[M]. 华宏勋，华宏慈，等译. 北京：北京大学出版社.

郭尉. 2016. 知识异质、组织学习与企业创新绩效关系研究[J]. 科学学与科学技术管理, 37（7）：
    118-125.

贺小刚，李新春. 2005. 企业家能力与企业成长：基于中国经验的实证研究[J]. 经济研究,（10）：
    101-111.

侯杰泰. 2004. 结构方程模型及其应用[M]. 北京：教育科学出版社.

黄芳铭. 2005. 结构方程模式：理论与应用[M]. 北京：中国税务出版社.

金鑫. 2009. 面向分布式创新的知识共享机制研究[D]. 浙江大学博士学位论文.

李勃，和征，李随成. 2018. 供应商参与技术创新的效能提升机制研究——社会资本视角[J]. 科
    技进步与对策, 35（16）：22-28.

李敏，王志强，赵先德. 2017. 供应商关系管理对知识整合与企业创新的影响——共同认知的中
    介作用[J]. 科学学与科学技术管理, 38（8）：85-96.

李平，曹仰锋. 2012. 案例研究方法：理论与范例[M]. 北京：北京大学出版社.

李媛，金殿臣. 2017. 中美制造业国际竞争力比较——基于 GVC 参与指数及 GVC 地位指数的分析[J]. 商业研究，（2）：79-87.

梁海山，魏江，万新明. 2018. 企业技术创新能力体系变迁及其绩效影响机制——海尔开放式创新新范式[J]. 管理评论，30（7）：281-291.

林春培，张振刚. 2017. 基于吸收能力的组织学习过程对渐进性创新与突破性创新的影响研究[J]. 科研管理，38（4）：38-45.

林嵩. 2008. 结构方程模型原理及 AMOS 应用[M]. 武汉：华中师范大学出版社.

刘鹤. 2018. 要抓紧解决当前中小企业发展中的突出问题[J]. 工商行政管理，（17）：6.

龙静，黄勋敬，余志杨. 2012. 政府支持行为对中小企业创新绩效的影响——服务性中介机构的作用[J]. 科学学研究，30（5）：782-788，790-792.

罗鄂湘，韩丹丹. 2018. 合作网络结构洞对企业技术创新能力的影响研究——以我国集成电路产业为例[J]. 工业技术经济，37（3）：44-50.

邱皓政. 2009. 量化研究与统计分析——SPSS 中文视窗版数据分析范例解析[M]. 重庆：重庆大学出版社.

盛伟忠，陈劲. 2015. 制造业中小企业创新能力测度指标研究[J]. 管理工程学报，29（4）：49-55.

盛伟忠，陈劲. 2018. 企业互动学习与创新能力提升机制研究[J]. 科研管理，39（9）：1-10.

斯滕博格 R. 2005. 创造力手册[M]. 施建农，等译. 北京：北京理工大学出版社.

唐靖，姜彦福. 2008. 创业能力概念的理论构建及实证检验[J]. 科学学与科学技术管理，29（8）：52-57.

唐靖，张帏，高建. 2007. 不同创业环境下的机会认知和创业决策研究[J]. 科学学研究，25（2）：328-333.

万文海，刘龙均. 2019. 领导创造力影响员工创造力的机制研究[J]. 华侨大学学报（哲学社会科学版），（2）：68-76.

王济川，王小倩，姜宝法. 2011. 结构方程模型：方法与应用[M]. 北京：高等教育出版社.

王孟成. 2014. 潜变量建模与 Mplus 应用[M]. 重庆：重庆大学出版社.

王元地，刘凤朝，潘雄锋. 2012. 专利许可、技术学习与企业创新能力成长[J]. 研究与发展管理，24（5）：55-63.

吴晓波，张好雨. 2018. 从二次创新到超越追赶：中国高技术企业创新能力的跃迁[J]. 社会科学战线，（10）：85-90.

吴晓波，赵子溢，刘自升. 2018. 二元学习与创新绩效的作用机制——组织内部协作网络的调节作用[J]. 浙江大学学报（人文社会科学版），48（3）：201-216.

谢伟，吴贵生. 2000. 技术学习的功能和来源[J]. 科研管理，（1）：8-13.

邢蕊，刘雪梅，王国红. 2017. 技术学习视角下新创企业技术能力演化路径研究[J]. 系统工程，35（11）：110-120.

徐蕾，李明贝. 2019. 技术多元化对创新绩效的双中介作用机理研究[J]. 科研管理，40（5）：110-119.

许庆瑞. 2012. 运用全面创新管理提升中国中小企业的创新能力[M]. 杭州：浙江大学出版社.

薛捷. 2017. 知识内容异质性对科技型企业学习和创新的影响研究[J]. 科技创新发展战略，

1（1）：26–35.

杨春，于婷婷. 2019. 中国制造业企业管理创新能力研究[J]. 工业技术经济，38（7）：114-118.

杨帆. 2009. 参与式社群与互动性知识——Web 2. 0 数字参考研究范式[M]. 上海：复旦大学出版社.

余珮. 2017. 美国再工业化背景下中美制造业嵌入全球价值链的比较研究[J]. 经济学家，（11）：88-96.

袁林，谭文，邵云飞. 2015. 组织创新氛围对企业专利创造能力的影响机理研究[J]. 科技管理研究，35（9）：1-6，12.

约翰松 F. 2006. 美第奇效应：创新灵感与交叉思维[M]. 刘尔铎，杨小庄译. 上海：商务印书馆.

张宏. 2007. 企业纵向社会资本与竞争优势——基于制造企业的经验研究[D]. 浙江大学博士学位论文.

张军，陈晓萍，姜中霜. 2018. 用户–企业共享价值诉求与企业创新能力关系研究——以顾客授权为中介[J]. 中国管理科学，26（12）：177-185.

张文红，张骁，翁智明. 2010. 制造企业如何获得服务创新的知识？——服务中介机构的作用[J]. 管理世界，（10）：122-134.

赵玉林，谷军健. 2018. 中美制造业发展质量的测度与比较研究[J]. 数量经济技术经济研究，35（12）：116-133.

郑伯埙，黄敏萍. 2012. 第 10 章：实证研究中的案例研究[C]//陈晓萍，徐淑英，樊景立. 组织与管理研究的实证方法. 2 版. 北京：北京大学出版社：236-271.

周灿，曾刚，尚勇敏. 2019. 演化经济地理学视角下创新网络研究进展与展望[J]. 经济地理，39（5）：27-36.

周京，莎莉 C. 2010. 组织创造力研究全书[M]. 魏昕，王莎莎，张航，等译. 北京：北京大学出版社.

周立军，何自力. 2008. 基于认知和知识的互动创新研究[J]. 情报杂志，27（1）：5-8.

周长辉，曹英慧. 2011. 组织的学习空间：紧密度、知识面与创新单元的创新绩效[J]. 管理世界，（4）：84-97.

朱朝晖. 2007. 基于开放式创新的技术学习协同与机理研究[D]. 浙江大学博士学位论文.

Adams R，Bessant J，Phelps R. 2006. Innovation management measurement：a review[J]. International Journal of Management Reviews，8（1）：21-47.

Ahmed P，Shepherd C. 2010. Innovation management：context，strategies，systems and processes[J]. Helsingin Yliopisto，73（3）：10-23.

Akbar H，Baruch Y，Tzokas N. 2017. Feedback loops as dynamic processes of organizational knowledge creation in the context of the innovations' front-end[J]. British Journal of Management，29（4）：445-463.

Alves J，Marques M J，Saur I，et al. 2007. Creativity and innovation through multidisciplinary and multisectoral cooperation[J]. Creativity and Innovation Management，16（1）：27-34.

Amidon D M. 2003. The innovation super highway[J]. Innovation Superhighway，（10）：351-360.

Amit R，Zott C. 2012. Creating value through business model innovation[J]. Sloan Management Review，53（3）：41-49.

Anderson J C, Hakansson H, Johanson J. 1994. Dyadic business relationships within a business network context[J]. The Journal of Marketing, 58 (4): 1-15.

Anderson N R, West M A. 1998. Measuring climate for work group innovation: development and validation of the team climate inventory[J]. Journal of Organizational Behavior, 19 (3): 235-258.

Arbussa A, Coenders G. 2007. Innovation activities, use of appropriation instruments and absorptive capacity: evidence from Spanish firms[J]. Research Policy, 36 (10): 1545-1558.

Ardichvili A, Cardozo R, Ray S. 2003. A theory of entrepreneurial opportunity identification and development[J]. Journal of Business Venturing, 18 (1): 105-123.

Argyris C, Schön D A. 1978. Organizational Learning: A Theory of Action Perspective[M]. Reading, MA: Addison-Wesley.

Ariffin N. 2000. The internationalisation of innovative capabilities: the Malaysian electronics industry[D]. Unpublished doctoral dissertation. Brighton: SPRU/University of Sussex.

Assink M. 2006. Inhibitors of disruptive innovation capability: a conceptual model[J]. European Journal of Innovation Management, 9 (2): 215-233.

Avlonitis G J, Papastathopoulou P G, Gounaris S P. 2001. An empirically-based typology of product innovativeness for new financial services: success and failure scenarios[J]. Journal of Product Innovation Management, 18 (5): 324-342.

Baron R. 2006. Opportunity recognition as pattern recognition: how entrepreneurs "connect the dots" to identify new business opportunities[J]. Academy of Management Perspectives, 20 (1): 104-119.

Birkinshaw J M, Hamel G, Mol M. 2008. Management innovation[J]. Academy of Management Review, 33 (4): 825-845.

Björkdahl J, Börjesson S. 2011. Organizational climate & capabilities for innovation: a study of nine forest-based Nordic manufacturing firms[J]. Scandinavian Journal of Forest Research, 26 (5): 488-500.

Börjesson S, Elmquist M. 2011. Developing innovation capabilities: a longitudinal study of a project at Volvo Cars[J]. Creativity and Innovation Management, 20 (3): 171-184.

Brem A, Voigt K I. 2009. Integration of market pull and technology push in the corporate front end and innovation management—insights from the German software industry[J]. Technovation, 29 (5): 351-367.

Brown J S, Dugid P. 1991. Organizational learning and community of practice: toward a unfined view of working, learning, and innovation[J]. Organizational Science, 2 (1): 40-57.

Bums T, Stalker G M. 1961. The Management of Innovation[M]. London: Tavistock Publications.

Burgelman R A, Sayles L R. 2004. Transforming invention into innovation: the conceptualization stage[C]// Burgelman R A, Christensen C M, Wheelwright S C.Strategic Management of Technology and Innovation. Boston: Mc Graw-Hill: 682-690.

Burrell G, Morgan G. 1979. Sociological Paradigms and Organizational Analysis[M]. New Hampshire: Heinemaun Educational Books, Inc.

Caloghirou Y，Kastelli I，Tsakanikas A. 2004. Internal capabilities and external knowledge sources：complements or substitutes for innovative performance？[J]. Technovation，24（1）：29-39.

Casadesus-Masanell R，Zhu F. 2013. Business model innovation and competitive imitation：the case of sponsor–based business models[J]. Strategic Management Journal，34（4）：464-482.

Cassiman B，Veugelers R. 2000. External Technology Sources：Embodied or Disembodied Technology acquisition[M]. Barcelona：Universitat Pompeu Fabra.

Chakravorti B. 2004. The new rules for bringing innovations to market[J]. Harvard Business Review，82（3）：58-67，126.

Chandler G N，Hanks S H. 1994. Market attractiveness，resource-based capabilities，venture strategies，and venture performance[J]. Journal of Business Venturing，9（4）：331-349.

Chandler G N，Jansen E. 1992. The founder's self-assessed competence and venture performance[J]. Journal of Business Venturing，7（3）：223-236.

Chanwoo C，Park S Y，Son J K，et al. 2017. Comparative analysis of R&D-based innovation capabilities in SMEs to design innovation policy[J]. Science and Public Policy，44(3)：403-416.

Chesbrough H. 2010. Business model innovation：opportunities and barriers[J]. Long Range Planning，43（2-3）：354-363.

Chesbrough H W. 2003. Open Innovation：the New Imperative for Creating and Profiting from Technology[M]. Boston：Harvard Business Review Press.

Chesbrough H，Vanhaverbeke W，West J. 2008. Open Innovation：Researching a new paradigm [M]. Oxford：Oxford University Press.

Chiesa V，Coughlan P，Voss C A. 1996. Development of a technical innovation audit[J]. Journal of Product Innovation Management，13（2）：105-136.

Christensen C M，Rosenbloom R S. 1995. Explaining the attacker's advantage：technological paradigms，organizational dynamics，and the value network[J]. Research Policy，24(2)：233-257.

Cohen W M，Levinthal D A. 1990. Absorptive capacity：a new perspective on learning and innovation[J].Administrative Science Quarterly，35（1）：128-152.

Cooper R G，Kleinschmidt E J. 1995. Benchmarking the firms critical success factors in new product development[J]. Journal of Product Innovation Management，12（5）：374-391.

Cormican K，O'Sullivan D. 2004. Auditing best practice for effective product innovation management[J]. Technovation，24：819-829.

Crossan M M，Lane H W，White R E. 1999. An organizational learning framework：from intuition to institution[J]. Academy of Management Review，24（3）：522-537.

Crossan M M，Maurer C C，White R E. 2011. Reflections on the 2009 AMR decade award：do we have a theory of organizational learning？[J]. Academy of Management Review，36（3）：446-460.

Cyert R M，March J G. 1963. A Behavioral Theory of the Firm[M]. Englewood Cliffs N J：Prentice Hall.

Diez J R. 2000. Innovative networks in manufacturing：some empirical evidence from the metropolitan area of Barcelona[J]. Technovation，20（3）：139-150.

Dodgson M，Hinze S. 2000. Indicators used to measure the innovation process：defects and possible remedies[J]. Research Evaluation, 9（2）: 101-114.

Duarte D, Snyder N. 1997. Facilitating global organizational learning in product development at whirlpool corporation[J]. Journal of Product Innovation Management, 14（1）: 48-55.

Dyer J, Gregersen H, Christensen C. 2011. The Innovator's DNA: Mastering the Five Skills of Disruptive Innovators[M]. Boston: Harvard Business Review Press.

Eisenhardt K M. 1989. Building theories from case study research[J]. The Academy of Management Review, 14: 532-550.

Escribano A, Fosfuri A, Tribó J A. 2009. Managing external knowledge flows: the moderating role of absorptive capacity[J]. Research Policy, 38（1）: 96-105.

Fabrizio K R. 2009. Absorptive capacity and the search for innovation[J]. Research Policy, 38（2）: 255-267.

Faulkner W, Senker J. 1994. Making sense of diversity: public- private sector research linkage in three technologies[J].Research Policy, 23（6）: 673-695.

Fong P S W. 2003. Knowledge creation in multidisciplinary project teams: an empirical study of the processes and their dynamic interrelationships[J]. International Journal of Project Management, 21（7）: 479-486.

Ford D, Gadde L E, Snehota I, et al. 2008. Analysing business interaction[C]. Paper Presented at the 24th IMP Annual Conference.Sweden: Uppsala.

Freel M S. 2003. Sectoral patterns of small firm innovation, networking and proximity[J]. Research Policy, 32（5）: 751-770.

Freel M S. 2005. Patterns of innovation & skills in small firms[J]. Technovation, 25（2）: 123-134.

Freel M S, Harrison R T. 2006. Innovation and cooperation in the small firm sector: evidence from "Northern Britain" [J]. Regional Studies, 40（4）: 289-305.

Fritsch M , Franke G. 2004. Innovation, regional knowledge spillovers and R&D cooperation[J]. Research Policy, 33（2）: 245-255.

Fritsch M, Schwirten C. 1999. Enterprise-university co-operation and the role of public research institutions in regional innovation systems[J]. Industry and Innovation, 6（1）: 69-83.

García-Cabrera A M, García-Soto M G. 2009. A dynamic model of technology-based opportunity recognition[J]. Journal of Entrepreneurship, 18（2）: 167-190.

Geisler D. 1995. Getting to team land isn't that easy if you're from I land[J]. Journal for Quality & Participation, 18（6）: 46.

Giuliani E, Bell M. 2005. The micro-determinants of micro-level learning and innovation: evidence from a Chilean wine cluster[J]. Research Policy, 34（1）: 47-68.

Glaser B, Strauss A. 1967. The Discovery of Grounded Theory: Strategies for Qualitative Research[M]. New York: Aldine Publishing.

Goffin K, Pfeiffer R. 2003. Innovation Management in British and German Manufacturing Companies[M]. Berlin: Springer Heidelbeg.

Gyohten T. et al. 2010. East Asian Visions: Perspectives on Economic Development[M]. Washington: World Bank Publications.

Haeckel S H, Nolan R L. 1993. Managing by wire: using I/T to transform a business from "make-and-sell" to "sense-and-respond" [J]. Harvard Business Review, 21（3）: 122-132.

Hauge E S, Kyllingstad N, Maehle N, et al. 2017. Developing cross-industry innovation capability: regional drivers and indicators within firms[J]. European Planning Studies, 25（3）: 388-405.

Hitt M A, Hoskisson R E, Kim H. 1997. International diversification: effects on innovation and firm performance in product-diversified firms[J]. The Academy of Management Journal, 40（4）: 767-798.

Hultink E J, Langerak F. 2002. Launch decisions and competitive reactions: an exploratory market signaling study[J]. Journal of Product Innovation Management, 19（3）: 199-212.

Hurley R F, Hult G T M. 1998. Innovation, market orientation & organizational learning: an integration & empirical examination[J]. Journal of Marketing, 62（6）: 42-54.

Iansiti M, Levien R. 2004. The Keystone Advantage: What the New Dynamics of Business Ecosystems Mean for Strategy, Innovation, and Sustainability[M]. Boston: Harvard Business Review Press.

Inzelt A. 2004. The evolution of university–industry–government relationships during transition[J]. Research Policy, 33（6-7）: 975-995.

Isaksen S G, Lauer K J. 2010. The climate for creativity and change in teams[J]. Creativity & Innovation Management, 11（1）: 74-86.

Jaworski B J, Kohli A K. 1993. Market orientation: antecedents & consequences[J]. Journal of Marketing, 57（3）: 53-71.

Jerez-Gómez P, Céspedes-Lorente J, Valle-Cabrera R. 2005. Organizational learning capability: a proposal of measurement[J]. Journal of Business Research, 58（6）: 715-725.

Johnson S. 2010. Where Good Ideas Come From: the Natural History of Innovation[M]. New York: Penguin Press.

Kang S C, Morris S S, Snell S A. 2007. Relational archetypes, organizational learning, and value creation: extending the human resource architecture[J]. Academy of Management Review, 32(1): 236-256.

Kanter R M. 1988. Three tiers for innovation research[J]. Communication Research, 15（5）: 509-523.

Kanter R M. 1989. The new managerial work[J]. Harvard Business Review, 67（6）: 85-92.

Katila R. 2002. New product search over time: past ideas in their prime? [J]. Academy of Management Journal, 45（5）: 995-1010.

Kaufmann A, Tödtling F. 2001. Science-industry interaction in the process of innovation: the importance of boundary-crossing between systems[J]. Research Policy, 30（5）: 791-804.

Keller R T. 1986. Predictors of the performance of project groups in R&D organizations[J]. Academy of Management Journal, 29（4）: 715-726.

Khurana A, Rosenthal S R. 1998. Towards holistic "front ends" in new product development[J]. Journal of Product Innovation Management, 15（1）: 57-74.

Kim B, Oh H. 2002. An effective R&D performance measurement system: survey of Korean R&D

researchers[J]. Omega, 30（1）: 19-31.

Kim L. 2007. Absorptive capacity, co-operation, and knowledge creation: samsung's leapfrogging in semicon–ductors[C]// Nonaka I, Nishiguchi T. Knowledge Emergence: Social, Technical, and Evolutionary Dimensions of Knowledge Creation. Oxford: Oxford University Press: 270-286.

Kirzner I M. 1985. Discovery & the Capitalist Process[M]. Chicago: University of Chicago Press.

Kleysen R F, Street C T. 2001. Toward a multi–dimensional measure of individual innovative behavior[J]. Journal of Intellectual Capital, 2（3）: 284-296.

Kline, Stephen J. 2009.An Overview of Innovation[M]. Valencia: World Scientific Publishing Co. Pte. Ltd.

Koen P, Ajamian G, Burkart R, et al. 2001. Providing clarity and a common language to the "fuzzy front end" [J]. Research Technology Management, 44（2）: 46-55.

Kogut B, Zander U. 1993. Knowledge of the firm and the evolutionary theory of the multinational corporation[J]. Journal of International Business Studies, 24: 625.

Koschatzky K, Bross U, Stanovnik P. 2001. Development and innovation potential in the Slovene manufacturing industry: analysis of an industrial innovation survey[J]. Technovation, 21（5）: 311-324.

Landry R, Amara N. 1998. The impact of transaction costs on the institutional structuration of collaborative academic research[J]. Research Policy, 27（9）: 901-913.

Lane P J, Lubatkin M. 1998. Relative absorptive capacity and inter-organizational learning[J]. Strategic Management Journal, 19（5）: 461-477.

Laursen K, Salter A J. 2006. Open for innovation: the role of openness in explaining innovation performance among U. K. manufacturing firms[J]. Strategic Management Journal, 27（2）: 131-150.

Lawson, Benn and Samson. 2001. Developing innovation capability in organizations: a dynamic capabilities approach[J]. International Journal of Innovation Management, 5（3）: 377-400.

Lee S, Park G, Yoon B, et al. 2010. Open innovation in SMEs: an inter-mediated network model[J]. Research Policy, 39: 290-300.

Lenox M J, King A A. 2004. Prospects for developing absorptive capacity through internal information provision[J]. Strategic Management Journal, 25（4）: 331-345.

Leskovar-Spacapan G, Bastic M. 2007. Differences in organizations' innovation capability in transition economy: internal aspect of the organizations' strategic orientation[J]. Technovation, 27（9）: 533 -546.

Levinthal C D A. 1990. Absorptive capacity: a new perspective on learning and innovation[J]. Administrative Science Quarterly, 35（1）:128-152.

Liao S H, Fei W C, Chen C C. 2007. Knowledge sharing, absorptive capacity, and innovation capability: an empirical study of Taiwan's knowledge-intensive industries[J]. Journal of Information Science, 33（3）: 340-359.

Lichtenthaler U, Lichtenthaler E. 2009. Capability-based framework for open innovation: complementing absorptive capacity[J]. Journal of Management Studies, 46（8）: 1315-1338.

Lin H F. 2007. Knowledge sharing & firm innovation capability: an empirical study[J]. International Journal of Manpower, 28（3/4）: 315-332.

Love J H, Roper S, Vahter P. 2014. Learning from openness: the dynamics of breadth in external innovation linkages[J]. Strategic Management Journal, 35（11）: 1703-1716.

Lundvall B A, Lorenz E. 2012. Interactive learning for innovation[C]// Bjørn T A. Innovation and Competence Building in the Learning Economy: Implications for Innovation Policy. Chippenham and Eastbourne: Palgrave Macmillan: 33-71.

Lundvall B A. 2006. Interactive learning, social capital and economic performance[C]. Advancing Knowledge and the Knowledge Economy. Washington.

Man T W Y, Lau T, Chan K F. 2002. The competitiveness of small and medium enterprises: a conceptualization with focus on entrepreneurial competencies[J]. Journal of Business Venturing, 17（2）: 123-142.

Manley K. 2003. Frameworks for understanding interactive innovation processes[J]. International Journal of Entrepreneurship and Innovation, 4（1）: 25-36.

Martin X, Salomon R. 2003. Knowledge transfer capacity and its implications for the theory of the multinational corporation[J]. Journal of International Business Studies, 34（4）: 356-373.

Martins E C, Terblanche F. 2003. Building organisational culture that stimulates creativity and innovation[J]. European Journal of Innovation Management, 6（1）: 64-74.

Massa S, Testa S. 2008. Innovation and SMEs: misaligned perspectives and goals among entrepreneurs, academics, and policy makers[J]. Technovation, 28（7）: 393-407.

Masson P L, Weil B, Hatchuel A. 2010. Strategic Management of Innovation and Design[M]. Cambridge: Cambridge University Press.

Mcinerney C R, Koenig M E D. 2011. Knowledge Management Processes in Organizations: the theoretical Foundations and Practice[M]. San Rafael: Morgan and Claypool Publisher.

Mednick M T, Andrews F M. 1967. Creative thinking and level of intelligence[J]. The Journal of Creative Behavior, 1（4）: 428-431.

Meeus M T H, Oerlemans L A G, Hage J. 2001a. Sectoral patterns of interactive learning: an empirical exploration of a case in a Dutch region[J]. Technology Analysis & Strategic Management, 13（3）: 407-431.

Meeus M T H, Oerlemans L A G, Hage J. 2001b. Patterns of interactive learning in a high-tech region[J]. Organization Studies, 22（1）: 145-172.

Menguc B, Auh S. 2010. Development and return on execution of product innovation capabilities: the role of organizational structure[J]. Industrial Marketing Management, 39（5）: 820-831.

Minbaeva D B, Pedersen T, Björkman I, et al. 2003. MNC knowledge transfer, subsidiary absorptive capacity, and HRM[J]. Journal of International Business Studies, 34: 586-599.

Mohannak K. 2007. Innovation networks and capability building in the Australian high-technology SMEs[J]. European Journal of Innovation Management, 10（2）: 236-251.

Nieto M, Quevedo P. 2005. Absorptive capacity, technological opportunity, knowledge spillovers and innovative effort[J]. Technovation, 25（10）: 1141-1157.

Nonaka I. 1994. A dynamic theory of organizational knowledge creation[J]. Organization Science, 5 (1) : 14-37.

Nonaka I, Byosiere P, Borucki C C, et al. 1994. Organizational knowledge creation theory: a first comprehensive test[J]. International Business Review, 3 (4) : 337-351.

Nonaka I, Konno N. 1998. The concept of "ba" : building a foundation for knowledge creation[J]. California Management Review, 40 (3) : 40-54.

Nonaka I, Nishiguchi T. 2001. Knowledge Emergence: Social, Technical, and Evolutionary Dimensions of Knowledge Creation[M]. Oxford: Oxford University Press.

Nonaka I, Toyama R. 2007. Strategic management as distributed practical wisdom (phronesis) [J]. Industrial and Corporate Change, 16 (3) : 371-394.

Nooteboom B, van Haverbeke W, Duysters G, et al. 2007. Optimal cognitive distance and absorptive capacity[J]. Research Policy, 36 (7) : 1016-1034.

O'Connor G C. 2006. Open, radical innovation: toward an integrated model in large established firms[C]// Chesbrough H, Vanhaverbeke W, West J. Open Innovation: Researching a New Paradigm. Oxford: Oxford University Press: 69.

OECD, EUROSTAT. 2005. Oslo Manual: Guidelines for Collecting and Interpreting Innovation Data, The Measurement of Scientific and Technological Activities[M]. 3rd Edition. Paris: OECD Publishing.

Park J S. 2005. Opportunity recognition and product innovation in entrepreneurial hi-tech start-ups: a new perspective and supporting case study-Science Direct[J]. Technovation, 25 (7) : 739-752.

Parrill M D, Aranguren M J, Larrea M. 2010. The role of interactive learning to close the "innovation gap" in SME-based local economies: a furniture cluster in the Basque country and its key policy implications[J]. European Planning Studies, 18 (3) : 351-370.

Payne A F, Storbacka K, Frow P. 2008. Managing the co-creation of value[J]. Journal of the Academy of Marketing Science, 36: 83-96.

Perry-Smith J E, Mannucci P V. 2017. From creativity to innovation: the social network drivers of the four phases of the idea journey[J]. Academy of Management Review, 42 (1) : 53-79.

Petersen A H, Boer H, Gertsen F. 2004. Learning in different modes: the interaction between incremental and radical change[J]. Knowledge and Process Management, 11 (4) : 228-238.

Poskela J, Martinsuo M. 2009. Management control and strategic renewal in the front end of innovation[J]. Journal of Product Innovation Management, 26 (6) : 671-684.

Powell W W. 1996. Inter-organizational collaboration in the biotechnology industry[J]. Journal of Institutional & Theoretical Economics, 152 (1) : 197-215.

Prahalad C K., Ramaswamy V. 2013. Co-creating unique value with customers[J]. Strategy & Leadership, 32 (3) : 4-9.

Reznikoff M, Domino G, Bridges C, et al. 1973. Creative abilities in identical and fraternal twins[J]. Behavior Genetics, 3 (4) : 365-377.

Richard C M, Guan J C, Pun K F, et al. 2004. An audit of technological innovation capabilities in Chinese firms: some empirical findings in Beijing, China[J]. Research Policy, (33): 1123-1140.

Rondé P, Hussler C. 2005. Innovation in the regions: what does really matter? [J]. Research Policy, 34: 1150-1172.

Rosenkopf L, Nerkar A. 2001. Beyond local search: boundary-spanning, exploration, and impact in the optical disk industry[J]. Strategic Management Journal, 22（4）: 287-306.

Rothaermel F T, Alexandre M T. 2009. Ambidexterity in technology sourcing: the moderating role of absorptive capacity[J]. Organization Science, 20（4）: 759-780.

Rothaermel F T, Hill C W L. 2005. Technological discontinuities and complementary assets: a longitudinal study of industry and firm performance[J]. Organization Science, 16（1）: 52-70.

Rothwell R. 1994. Towards the fifth-generation innovation process[J].International Marketing Review, 11（1）: 7-31.

Sabina J, Frank H, et al. 2011. A Discussion of Innovative Capability: Research Needs &Recommendations for Action[R]. RWTH Aachen University.

Sandmeier P, Jamali N, Kobe C, et al. 2004. Towards a structured and integrative front-end of product innovation[C]. R&D Management Conference（RADMA）.

Sarasvathy S D, Dew N, Velamuri S R, et al. 2010. Three views of entrepreneurial opportunity[C]. Acs Z J, Audretsch D B.Handbook of Entrepreneurship Research: An Interdisciplinary Survey and Introduction. New York: Springer.

Shane S, Eckhardt J. 2003. The individual-opportunity nexus[C]// Alvarez S A, Barney J B, Young S L.Handbook of Entrepreneurship Research. New York: Springer: 161-191.

Shane S, Venkataraman S. 2000. The promise of entrepreneurship as a field of research[J].Academy of Management Review, 25（1）: 217-226.

Shane S. 2000. Prior knowledge & the discovery of entrepreneurial opportunities[J]. Organization Science, 11（4）: 448-469.

Song X M, Parry M E. 1997. The determinants of Japanese new product successes[J]. Journal of Marketing Research, 34（3）: 64-76.

Spencer R M, Weisberg R W. 1986. Context-dependent effects on analogical transfer[J]. Memory & Cognition, 14（5）: 442-449.

Spender J C. 1996. Organizational knowledge, learning and memory: three concepts in search of a theory[J]. Journal of Organizational Change Management, 9（1）: 63-78.

Spithoven A, Clarysse B, Knockaert M. 2010. Building absorptive capacity to organise inbound open innovation in traditional industries[J]. Technovation, 30（2）: 130-141.

Sulistiyani R, Harwiki W. 2016. How SMEs build innovation capability based on knowledge sharing behavior? Phenomenological approach[J]. Procedia-Social and Behavioral Sciences, 219（31）:

741-747.

Takeuchi H, Nonaka I. 2004. Hitotsubashi on Knowledge Management[M]. Hoboken: John Wiley & Sons Pte Ltd.

Teece D J. 2007. Explicating dynamic capabilities: the nature and microfoundations of（sustainable）enterprise performance [J]. Strategic Management Journal, 28（13）: 1319 -1350.

Terziovski M. 2010. Innovation practice and its performance implications in small and medium enterprises（SMEs）in the manufacturing sector: a resource-based view[J]. Strategic Management Journal, 31（8）: 892-902.

Thom N. 1980. Grundlagen des Betrieblichen Innovations Managements[M]. Königstein/Taunus: Hanstein.

Utterback J M, Abernathy W J. 1975. A dynamic model of process and product innovation[J]. Omega, 3（6）: 639-656.

Vargo S L, Lusch R F. 2004. Evolving to a new dominant logic for marketing[J]. Journal of Marketing, 68（1）: 1-17.

Verhaeghe A, Kfir R. 2002. Managing innovation in a knowledge intensive technology organization（KITO）[J]. R&D Management, 32: 409-417.

Verworn B. 2009. A structural equation model of the impact of the "fuzzy front end" on the success of new product development[J]. Research Policy, 38（10）: 1571-1581.

von Hippel E. 1993. "Sticky information" and the locus of problem solving: implications for innovation[J]. Management Science, 40（4）: 429-439.

von Hippel E. 2005. Democratizing innovation: the evolving phenomenon of user innovation[J]. Journal Für Betriebswirtschaft, 55（1）: 63-78.

Weisberg R W. 1993. Creativity: Beyond the Myth of Genius[M]. New York: WH Freeman.

Winter, Sidney G. 1982. An Evolutionary Theory of Economic Change[M]. Cambridge, MA: The Belknap Press of Harvard University Press.

Yam R C M, Guan J C, Pun K F, et al. 2004. An audit of technological innovation capabilities in Chinese firms: some empirical findings in Beijing, China[J]. Research Policy, 33（8）: 1123-1140.

Yin R K. 2010. Case study research: design and methods[J]. Journal of Advanced Nursing, 44（1）: 108.

Zahra S A, George G. 2002. Absorptive capacity: a review, reconceptualization, and extension[J]. Academy of Management Review, 27（2）: 185-203.

Zhang Y, Li H Y. 2010. Innovation search of new ventures in a technology cluster: the role of ties with service intermediaries[J]. Strategic Management Journal, 31（1）: 88-109.

Zhao H X, Tong X S, Wong P K, et al. 2005. Types of technology sourcing and innovative capability: an exploratory study of Singapore manufacturing firms[J]. The Journal of High Technology Management Research, 16（2）: 209-224.

Zollo M, Winter S G. 2002. Deliberate learning and the evolution of dynamic capabilities[J]. Organization Science, 13（3）: 339-351.

附录 1 "企业创新能力要素"调查问卷

前瞻性与创新承诺：根本不重要 1、不大重要 2、中立 3、比较重要 4、绝对重要 5

题项	根本不重要 1 到 绝对重要 5
考虑到将来趋势并提出良好愿景	1　2　3　4　5
准确地对企业在市场中的地位进行再定位	1　2　3　4　5
能够制定适宜的战略目标与经营思路	1　2　3　4　5
聚焦于市场计划帮助组织开发新的竞争能力	1　2　3　4　5
快速地增、减业务活动以配合战略目标的实现	1　2　3　4　5

企业文化能力：根本不重要 1、不大重要 2、中立 3、比较重要 4、绝对重要 5

题项	根本不重要 1 到绝对重要 5
鼓励员工考虑将来的业务机会	1　2　3　4　5
对创新战略的清晰表达	1　2　3　4　5
鼓励创新与冒险，愿意为失败承担责任	1　2　3　4　5
对冲突与新思维的容忍能促进创新	1　2　3　4　5
公司有对创意的技术可行性提供反馈的非正式网络	1　2　3　4　5
员工的创新建议得到评估	1　2　3　4　5
新颖的创意会在运作中得到快速采纳	1　2　3　4　5
对创意的跨部门协作支持	1　2　3　4　5
公司内进行创新尝试失败的员工总是会得到第二次机会	1　2　3　4　5
公司不同部门的员工有大量的非正式交谈机会	1　2　3　4　5
管理人员愿意共享权力，有一起工作的氛围	1　2　3　4　5
经常分析成功的经验并进行广泛的学习交流	1　2　3　4　5

机会识别能力：根本不重要 1、不大重要 2、中立 3、比较重要 4、绝对重要 5

题项	根本不重要 1 到绝对重要 5
准确识别人们需要的产品和服务	1　2　3　4　5
感知消费者没有被满足的需要	1　2　3　4　5
捕获高质量的商业机会	1　2　3　4　5
花费时间和精力寻求能给消费者带来价值的产品或服务	1　2　3　4　5

组织管理能力：根本不重要 1、不大重要 2、中立 3、比较重要 4、绝对重要 5

题项	根本不重要 1 到绝对重要 5
领导会合理地将权力与责任委派给有能力的下属	1　2　3　4　5
制定合理的规章制度来规范员工的工作	1　2　3　4　5
企业的组织管理机构具有灵活性	1　2　3　4　5
市场销售部门与研发部门间良好的交流	1　2　3　4　5
研发部门与制造部门间良好的交流	1　2　3　4　5
公司能集中力量进行创新活动	1　2　3　4　5
公司能一直保持顺畅地运作	1　2　3　4　5

商业化能力：根本不重要 1、不大重要 2、中立 3、比较重要 4、绝对重要 5

题项	根本不重要 1 到绝对重要 5
对市场潜力、顾客偏好、购买流程进行充分的研究	1　2　3　4　5
在做商业化计划时进行良好的市场测试	1　2　3　4　5
较好地识别产品的差异化诉求并依此展开销售	1　2　3　4　5
有充足的营销渠道	1　2　3　4　5
知道竞争对手对我们新产品可能的市场反应	1　2　3　4　5
相对于企业的其他产品，新产品的销售量远远高于其他产品	1　2　3　4　5
相对于企业的其他产品，新产品的获利能力远远高于其他产品	1　2　3　4　5

附录 2 "制造业中小企业互动创新机理研究"调查问卷

　　制造业推动了经济发展，中小企业在制造业中占有很大比重。然而生产成本要素变动和全球金融危机的影响使制造业大量中小企业面临巨大的转型升级压力。

　　我们的研究目的是通过对中小企业调研实证企业互动创新作用机理与创新能力提升机制，从而在此基础上产生相应的政策性建议。课题组承诺：您在调查中所提供的资料将严格保密，相关数据的分析及结果只用于研究。您的参与和支持，对我们的研究实现预期目标非常重要，也是我们研究顺利开展的关键，我们深深感谢您花费时间和精力给予配合。谢谢！

　　如果您对研究结果有兴趣，我们将在研究完成之后向您寄送一份调查结果，请您提供姓名和联系方式。

　　您的姓名：_____在本企业的工作年限：_____电话或 E-mail：_____

　　1. 企业名称：_____成立时间：_____

　　2. 企业所在地：_____

　　3. 企业性质：A 国有　B 集体　C 民营　D 合资　E 外商独资　F 其他

　　4. 企业目前的主营业务：_____

　　5. 员工数量：A 20 人以下　　B 20~300 人　C 300~1000 人　D 1000 人及以上

　　6. 近三年年均营业额：A 300 万元以下　　B 300 万~2000 万元　C 2000 万~1 亿元　D 1 亿元及以上

　　员工知识背景，请填入数量。

有高校经历的员工人数	专科：	本科：	硕士：	博士：
具有职称的员工人数	中级：		高级：	

与我们存在关系的大学或研究所数量，请在相应框内打钩（包括研发合作、提供技术服务、诊断问题、开发特定设备、利用科研设备、人员培训和其他非正式联系）。

国内			国外		
没有	1~2 家	3 家及以上	没有	1~2 家	3 家及以上

对我们的创新流程做出贡献的知识中介类型，请在框内打钩，"有"选 1，"无"选 0。

培训机构		咨询机构		行业协会和商会		行业技术中心		生产力促进中心		融资机构		技术交易机构		政府部门	
1	0	1	0	1	0	1	0	1	0	1	0	1	0	1	0

给我们带来创意或对我们的创新流程做出贡献的供应商数，在相应框内打钩。

	没有	1~2 家	3 家及以上
给我们带来创意或对我们的创新流程做出贡献的设备供应商数	没有	1~2 家	3 家及以上
给我们带来创意或对我们的创新流程做出贡献的原材料供应商数	没有	1~2 家	3 家及以上
给我们带来创意或对我们的创新流程做出贡献的零配件供应商数	没有	1~2 家	3 家及以上
给我们带来创意或对我们的创新流程做出贡献的软件供应商数	没有	1~2 家	3 家及以上
给我们带来创意或对我们的创新流程做出贡献的行业内非竞争对手数	没有	1~2 家	3 家及以上
给我们带来创意或对我们的创新流程做出贡献的商业服务供应商数	没有	1~2 家	3 家及以上
给我们带来创意或对我们的创新流程做出贡献的集团内其他公司数	没有	1~2 家	3 家及以上

市场营销界面的互动：省内—同地区—全国—国际，地域范围依次扩大。

每年参加不同地域范围商品交易会的频次（填数量）	省内：	同地区（如华东地区）：		全国：	国际：
能给我们带来创意和对我们的创新流程做出贡献的客户企业数量：	没有	1~3 家		4~6 家	7 家及以上
有没有识别领先用户群体并与他们互动	有			没有	
进行终端用户调查的地域范围	没有	省内	同地区	全国	国际
是否经常分析竞争对手的技术	经常	偶尔		几乎没有	
是否经常分析竞争对手的产品与行为	经常	偶尔		几乎没有	
是否会聘用竞争对手的离职员工	会			不会	

对于前瞻性与创新承诺，按完全不同意 1，基本不同意 2，中立 3，基本同意 4，完全同意 5 取值。

公司在下列事项上的层次	1	2	3	4	5
我们公司考虑到将来趋势并提出良好愿景					
我们公司能准确地对企业在市场中的地位进行再定位					
我们公司能够制定适宜的战略目标与经营思路					
我们公司能聚焦于市场计划帮助组织开发新的竞争能力					
我们公司能快速地增减业务活动以配合战略目标的实现					

人力资源投入。

本公司有没有在这些方面进行相关投入	有	没有
定期对管理人员进行培训		
定期对工程师进行培训		
定期对生产工人进行培训		
派送优秀员工外出学习		
聘请外部专业人员指导工作		
向其他行业学习最佳实践		
购买新的仪器设备		
给管理人员和工程师提供思考的时间		
鼓励员工参加正式的开发活动，如专业研讨和专业会议		
为员工个人提供职业发展机会		

对于高管冒险倾向，按完全不同意 1，基本不同意 2，中立 3，基本同意 4，完全同意 5 取值。

本公司高管在以下事项上的程度	1	2	3	4	5
高管认为高财务风险对于高回报来说是值得的					
高管接受偶尔的新产品失败，认为这是正常现象					
高管敢冒大的财务风险					
高管鼓励创新开发，知道有些是会失败的					
高管喜欢安全地运作					
高管只喜欢实施具有确定性的计划					

对于组织管理能力,按完全不同意 1,基本不同意 2,中立 3,基本同意 4,完全同意 5 取值。

公司在下列事项上的层次	1	2	3	4	5
我们领导会合理地将权力与责任委派给有能力的下属					
我们公司制定了合理的规章制度来规范员工的工作					
我们公司具有灵活的组织管理机构					
我们公司的市场销售部门与研发部门间有着良好的交流					
公司的研发部门与制造部门间有着良好的交流					
我们公司能集中力量进行创新活动					
我们公司能一直保持顺畅地运作					

对于创新文化,按完全不同意 1,基本不同意 2,中立 3,基本同意 4,完全同意 5 取值。

本公司在下列事项上的层次	1	2	3	4	5
我们公司鼓励员工考虑将来的业务机会					
我们公司清晰地表达了企业的创新战略					
我们公司鼓励创新与冒险,愿意为失败承担责任					
公司认为对冲突与新思维的容忍能促进创新					
我们公司有对创意的技术可行性提供反馈的非正式网络					
在我们公司,员工的创新建议会得到评估					
在我们公司,新颖的创意会在运作中得到快速采纳					
我们公司会对创意的跨部门协作提供支持					
公司内进行失败的员工总是会得到第二次机会					
在我们公司,不同部门的员工有大量的非正式交谈机会					
我们公司的管理人员愿意共享权力,有一起工作的氛围					
我们公司经常分析成功的经验并进行广泛的学习交流					

对于体制灵活性,在 1 分和 5 分两种极端状态之间进行选择,得分越少越正式,得分越多越灵活。

得 1 分和得 5 分的两种极端状态	1	2	3	4	5
我们基于规制和流程进行紧密的正式控制 1➡ 我们通过基于合作的非正式关系进行协作 5					
我们强调个人要服从正式流程 1➡ 我们强调只要将工作做好，即使与正式流程冲突也没关系 5					
我们强调个人遵循正式的工作职务描述 1➡ 我们根据工作和个性的需要确定在职行为正确性 5					

对于机会识别能力，按完全不同意 1，基本不同意 2，中立 3，基本同意 4，完全同意 5 取值。

公司在下列事项上的层次	1	2	3	4	5
我们公司能准确识别人们需要的产品和服务					
我们公司能感知消费者没有被满足的需要					
我们公司能捕获高质量的商业机会					
我们公司会花费时间和精力寻求能给消费者带来价值的产品或服务					

对于商业化能力，按完全不同意 1，基本不同意 2，中立 3，基本同意 4，完全同意 5 取值。

本公司在下列事项上的层次	1	2	3	4	5
公司对市场潜力、顾客偏好、购买流程进行充分的研究					
公司在做商业化计划时进行良好的市场测试					
公司能较好地识别产品的差异化诉求并依此展开销售					
公司有充足的营销渠道					
公司知道竞争对手对我们新产品可能的市场反应					
相对于企业的其他产品，我们的新产品销售量远远高于其他产品					
相对于企业的其他产品，我们的新产品获利能力远远高于其他产品					

对于吸收能力，按完全不同意 1，基本不同意 2，中立 3，基本同意 4，完全同意 5 取值。

本公司在下列事项上的层次	1	2	3	4	5
我们的员工具有卓越的专业知识					
我们的员工能快速、全面地获取工作所需的新知识					

续表

本公司在下列事项上的层次	1	2	3	4	5
我们的员工具有比竞争对手更好的工作技能					
我们的员工具有比竞争对手更高的教育质量					
我们的员工具有利用公司已掌握的知识的能力					
为加薪、升职与顺利完成工作，我们的员工尽力获取工作技能和工作资格证书					
公司员工的知识获取行为对工作效能有正面影响					
公司根据员工所拥有的工作技能和资格证书来决定他们的工作岗位、薪酬和职位					
我们公司根据员工所拥有的技能和资格证书给予进一步的学习和培训机会					
我们的奖励能有效鼓励员工去获取工作技能和资格证书					
我们的员工能因进步而得到比竞争对手更多的奖励					
我们的奖励系统在鼓励员工获取工作技能和资格证书方面比竞争对手要好得多					